Bierwanderungen rund um München

© 2009 Dr. Ekkehard & Jan Kleine, Bad Abbach

Layout und Satz:
Werbeagentur seitenwind ››, Regensburg

Druck:
Druckerei Erhardi, Regensburg

Dr. Peter Morsbach Verlag, Regensburg

Vorwort

Die Umgebung der Landeshauptstadt Bayerns zählt zu den schönsten und abwechslungsreichsten Wandergebieten Deutschlands. Die Region von der südlichen Hallertau im Norden bis hinunter zum Rand der Alpen und von den Moorgebieten und Hügellandschaften im Westen Münchens bis hin zum Inn im Osten bietet zu jeder Jahreszeit eine herrliche Kulisse für ausgedehnte Spaziergänge.

Auch findet sich in kaum einer anderen Region, aufgrund ihrer Historie und Entwicklung, solch eine Fülle an interessanten privaten und klösterlichen Bierbrauereien und Brauereigaststätten mit einer immensen Bandbreite an vorzüglichen Produkten.

Was liegt also näher, als das Vergnügen an der Natur und die Liebe zum Bier zu kombinieren: Rundwanderungen durch einige der schönsten Gebiete Oberbayerns verbunden mit Besuchen sehenswerter Regionalbrauereien und ihrer hervorragenden Brauereigaststätten.

Begleitet werden Sie, liebe Leser, Wanderer, Biertrinker und Genießer unserer Regionalküche bei den Beschreibungen Ihrer Touren von Paul, einem kleinen frechen Terrier, der sich witzig, aber völlig respektlos aus Hundesicht in alle Angelegenheiten einmischt. Er wird sich später selbst näher vorstellen.

Und nun viel Freude beim Lesen und der anschließenden Umsetzung unserer Tipps, beim Erwandern der Region, dem Besuch der Brauereien und der Verkostung ihrer Biere sowie der Stärkung mit Gerichten aus den Küchen der Brauereigaststätten.

Ihre

Ekkehard & Jan Kleine
(und das Bierwanderteam)

Übrigens:

Reine Wegbeschreibungen finden Sie zum Download im Internet:
www.bierwanderungen-online.de

Inhaltsverzeichnis

Vorwort	Seite	5
Das Bier Geschichte – Herstellung – Sorten	Seite	8
Der Hopfen aus der Hallertau Geschichte – Anbau – Museum	Seite	14
Hallo, ich bin der Paul	Seite	22
Bierwanderungen – Übersicht	Seite	24
Nr. 1: Durchs Hallertauer Hopfenland zur Schlossbrauerei Au!	Seite	26
Nr. 2: Ein tierisches Vergnügen rund um Markt Schwaben!	Seite	32
Nr. 3: Eine ökologische »Schweinerei«!	Seite	38
Nr. 4: Auf der Spur des Räubers Kneißl rund um Maisach!	Seite	44
Nr. 5: Durch den Englischen Garten zum Bier- & Oktoberfestmuseum!	Seite	50
Nr. 6: Rund um Aying!	Seite	56

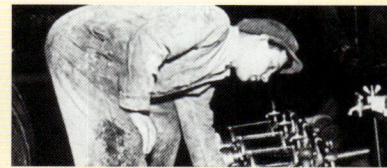

Nr. 7:	Durch Wälder und Wiesen zum Benediktinerkloster Scheyern!	Seite	62
Nr. 8:	Auf den heiligen Berg zum Kloster Andechs!	Seite	68
Nr. 9:	Nach Altomünster zum Maierbräu!	Seite	74
Nr. 10:	Am Isarkanal entlang zum Erdinger Weissbräu!	Seite	80
Nr. 11:	Auf den Riederstein am Tegernsee!	Seite	86
Nr. 12:	Zur Schlossbrauerei Grünbach!	Seite	92
Nr. 13:	Auf zu Brauerei und Gasthof Gut Forsting!	Seite	98
Nr. 14:	Zu den Rittern nach Kaltenberg!	Seite	104
Nr. 15:	Der historische Augustinerbräu in München!	Seite	110
Das Bierwanderteam		Seite	114
Weitere Bierwanderungen – rund um ...		Seite	115
Impressum / Haftung / Bildnachweis		Seite	115

Kleine Bierkunde:
Wie (vielleicht) alles begann ...

Vor circa 6000 Jahren – es kann aber auch viel, viel früher gewesen sein – passierte einem unserer Vorfahren ein wunderbares Malheur: Ein Stück gebackenes Brot, wahrscheinlich aus Emmer, einer der ersten Kulturformen des Weizens, zubereitet, fiel versehentlich in einen Krug voll Wasser. Der Mensch bemerkte es nicht und die Sonnenstrahlen, die auf den Krug fielen und seinen Inhalt erwärmten, setzten mit den durch das Brotbacken nunmehr wasserlöslichen Stärken und einigen in der Luft umherschwebenden Hefezellen einen Gärprozess in Gang. Seinerzeit war das Brot eines der wertvollsten Güter der Menschen; also warfen sie auch den kostbaren, vergorenen Teigbrei nicht fort, sondern tranken ihn. Er versetzte sie in einen herrlichen, ja kultischen Rauschzustand!

So oder zumindest so ähnlich muss es wohl mit der Bierbrauerei begonnen haben und sofort entstand der auch heute noch nachvollziehbare Wunsch, diesen zufälligen Prozess planmäßig zu rekonstruieren.

Wahrscheinlich waren es die Sumerer, die dieses erste Bier-Aha-Erlebnis hatten – ganz präzise ist die geschichtliche Rückverfolgung allerdings nicht. Aus Bildern und Schriftzeichen um 2600 v. Chr. wissen wir jedoch, dass das Bier bzw. das, was man früher als solches bezeichnete, bereits das Lieblingsgetränk der Menschen im Gebiet zwischen Euphrat und Tigris, also im alten Mesopotamien, war. Ob das, was die Sumerer damals taten, bereits den Begriff »Brauen« verdient, sei dahingestellt. Der Vorgänger unseres heutigen Bieres jedoch war entdeckt!

Bereits im 16. Jahrhundert v. Chr. erließ ein babylonischer König ein Gesetz, das jedem seiner Untertanen eine exakt spezifizierte Menge dieses Saftes zubilligte: zwei Liter jedem Arbeiter und jedem Beamten einen Liter mehr. Schon damals zählten also vor allem die Lehrer zu den besonders gestressten Menschen und »verdienten« daher ein wenig mehr des beruhigenden Getränks (Der Wahrheit halber sei betont, dass das Bier jener Jahre noch nicht den Beamtenschlaf fördernden Hopfen enthielt!). Getoppt wurde alles nur durch die Geistlichkeit: Priester erhielten pro Tag gar fünf Liter des Getränkes! Die spätere Affinität der Klöster und ihrer Mönche zum Gerstensaft wurde somit schon in Mesopotamien geprägt.

Fortentwickelt haben die Braukunst später die Ägypter, z.B. mit dem Zusatz von Datteln, um die Bitterkeit der ersten Getreidesäfte entscheidend zu mildern.
Phönizier brachten die hohe Kunst des Brauens schließlich mit ihren Schiffen bis ins Abendland, wo das Bierbrauen insbesondere bei den

Stämmen der Germanen auf fruchtbaren Boden fiel, während die Südeuropäer – z. B. die Griechen und Römer – dies eher verschmähten und vielmehr die Pflege ihrer Rebensäfte verfeinerten.

Dass »Bier« jener Tage schon unseren heutigen Vorstellungen entsprach, ist eher unwahrscheinlich. Tacitus, der römische Geschichtsschreiber, beschrieb es circa 100 n. Chr. als ein »schauerliches Gebräu«. Aber was versteht schon ein (zufällig viel später Fußballweltmeister gewordener) Italiener von Bier?

Im Norden Europas wurde das Getränk immer populärer. Die überall entstandenen Klöster waren es vor allem, die die Herstellung des Bieres Schritt für Schritt vorantrieben. Schon Mitte des ersten Jahrtausends konnten sie Bier direkt aus Getreide brauen, das man keimen ließ und anschließend trocknete: Man nutzte also Malz statt Brot. Im sechsten oder siebten Jahrhundert waren die Mönche bereits so erfolgreich, dass die stets neue Einnahmequellen suchenden Fürsten ein erstes steuerliches Begehren aufs Bier richteten: Die Alkoholsteuer ward erfunden! Die Geburtsstunde der Mehrwertsteuer!

Im achten Jahrhundert wurde, statt der üblichen Zusatzstoffe wie Anis, Rosmarin, Honig, Enzian oder Lorbeer, erstmals auch Hopfen – wenngleich damals noch in der Wildform, also noch kein »Hallertauer Aromahopfen« – eingesetzt. Damit kam das Getreidegebräu unseren heutigen Geschmacksvorstellungen wohl schon etwas näher und es wurde nebenbei auch haltbarer und stabiler.

Der nächste große Schritt erfolgte dann 1516: Die bayerischen Herzöge erließen das Reinheitsgebot, die älteste lebensmittelrechtliche Bestimmung der Welt.

Sie forderten, dass zur Herstellung von Bier »allain Gersten, Hopfen und Wasser genommen und gepraucht sölle werden«. Dass zum Bierbrauen eigentlich noch ein vierter Stoff, die Hefe, benötigt wurde, wussten die ehrbaren Herren damals noch nicht.

Natürlich können Sie, liebe Bierfreunde, auch bei den in diesem Buch beschriebenen Bieren erhebliche Unterschiede »erschmecken«.
Diese basieren insbesondere auf der

Und so geht´s!

spezifischen Auswahl der Rohstoffe, auf der Einhaltung bestimmter Zeiten und Temperaturen für die einzelnen Verfahrensschritte und natürlich der eingesetzten Technik und ihrer Materialien. Der grundlegende Brauprozess hingegen ist überall identisch:

Das Getreide, meist Gerste, aber auch Weizen und einige ursprüngliche Sorten wie z. B. Emmer oder Dinkel, werden gereinigt und dann in Wasser eingeweicht. Schließlich lässt man die Körner keimen und trocknet sie anschließend in heißer Luft zwischen circa 85°C und 105°C. Es entsteht helles (kurze Trocknung, niedrigere Temperatur) oder dunkles (längere Trocknung, höhere Temperatur) Malz. Die meisten regionalen Brauereien führen diesen Prozess heute nicht mehr selbst aus, sondern kaufen ihr Malz zu oder produzieren selbst ihr Getreide und lassen es in Lohnmälzereien verarbeiten.

Das Malz wird nun in Malzmühlen geschrotet und anschließend mit Brauwasser vermischt (eingemaischt). Bei diesem Maischprozess werden viele der Inhaltsstoffe des Malzes im Wasser gelöst bzw. durch im Malz enthaltene Enzyme erst in wasserlösliche Inhaltsstoffe umgewandelt und dann als niedermolekulare Verbindungen im Wasser aufgelöst.

Die so entstandene Maische wird anschließend im Läuterbottich von ihren unlöslichen Teilen gereinigt (die dem lieben Vieh als hochwertiges Futter dienen und somit auch im Stall einen Teil des »Gesamtbiergenusses« verbreiten). Dann gelangt die klare Maische in die Sudpfanne und wird in diesen Kupfer- oder Stahlkesseln bis auf circa 78°C erhitzt.

Hier werden ihr, je nach Biertyp, circa 120 bis 150 Gramm Naturhopfen pro Hektoliter Bier zugesetzt. Dieser Kochvorgang ist nach circa 90 Minuten

Erst 1871 fand das Reinheitsgebot auch seinen Eingang in die deutsche Reichsgesetzgebung.

Im 19. Jahrhundert gab es dann nochmals einige wesentliche Entwicklungen im Bereich der Bierbrauerei:

1821: Die erste Dampfmaschine in einer Brauerei wird installiert (Deutschland).

1843: Erfindung des Saccharometers zur Bestimmung des Gehaltes an Stammwürze (Tschechien).

1854: Louis Pasteur erklärt erstmals wissenschaftlich die alkoholische Gärung (Frankreich).

1873: Carl Linde erfindet die Kühlmaschine (Deutschland).

1881: Christian Hansen gelingt es erstmals Hefe in Reinzucht zu vermehren (Dänemark).

Danach ging die technische Entwicklung natürlich weiter und verlief immer schneller. Die Bierherstellung nahm industrielle Züge an. Im Grunde genommen hat sich jedoch seit jenen Tagen an den Verfahrensgrundsätzen, speziell in den hier betrachteten Privatbrauereien rund um München, bei aller technischen Innovation nichts Entscheidendes mehr verändert.

beendet und die Würze ist fertig. Ihr Gehalt an festen Inhaltsstoffen in Prozent wird als der Stammwürzegehalt bezeichnet.

Nun wird die Würze, wieder unterschiedlich je nach Biertyp, auf eine Temperatur zwischen 21°C und 6°C heruntergekühlt, kommt in den Gärkeller und wird mit der einzelligen, reinen Bierhefe versetzt. Der Zucker in der Würze durchdringt schnell die Zellwände der Hefe und zersetzt sich bei diesem Vorgang in Alkohol und Kohlendioxid (die Kohlensäure). Dieser unter stetiger Kühlung verlaufende Prozess ist nach circa acht Tagen beendet. Die Hefe sinkt beim untergärigen Bier auf den Boden der Gärbottiche ab. Beim obergärigen Bier vereinigen sich die Hefezellen zu großen schwimmenden Verbänden, die dann von der Oberfläche abgeschöpft werden müssen.

Die vergorene Würze gelangt anschließend in die Tanks der kalten Lagerkeller. Dort muss das Bier mehrere Wochen reifen und erst jetzt kann sich die bei der Gärung entstandene Kohlensäure an das Bier binden. Bei langer Lagerung, die bei den beschriebenen kleineren Brauereien noch üblich ist, werden auch weitere unedle Gärnebenprodukte abgeschieden und die Biere erreichen hierdurch erst ihre endgültigen Geschmacksnoten und ihre Bekömmlichkeit.

Das Bier ist nun eigentlich fertig. Entweder wird es jetzt unfiltriert in Flaschen oder in Fässer abgefüllt oder aber noch einer Filtration unterzogen. Diese Filtration wird in den kleineren Betrieben, so denn überhaupt gefiltert wird, meist sehr schonend durchgeführt. Eine stärkere Filtration macht Biere zwar haltbarer, sie entzieht ihnen aber auch wertvolle Geschmacksstoffe – es wird halt ein »Einheitsbier«. Schwach gefilterte oder ungefilterte Biere hingegen sind wesentlich ausdrucksstärker und enthalten sogar noch wichtige Vitamine.

Die einheimischen Sorten

Es gibt tausende von Biermarken auf der Welt. Sicherlich ist Deutschland, und hier allen Bundesländern voran Bayern, das Land mit der höchsten Brauereidichte. Doch auch in anderen Ländern und Kontinenten erfreut sich Bier heute größter Beliebtheit und wird weltweit hergestellt. Dabei haben sich über die Jahrhunderte verschiedenste Sorten herausgebildet. Wir wollen jedoch in diesem Bierwanderbuch nur die Sorten kurz vorstellen, die in unseren privaten Regionalbrauereien überwiegend erzeugt werden.

Helles
Ein relativ leichtes, mildes, untergäriges Bier, meist ausschließlich mit hellem Gerstenmalz gebraut und mit einem Stammwürzegehalt von circa 11,5 %.

Dunkles
Das dunklere, oft ein wenig süffigere Pendant zum Hellen. Der wesentliche Unterschied: Es wird dunkles, d.h. länger und bei höheren Temperaturen gedarrtes Gerstenmalz verwendet.

Export
Fast immer hell. Haltbares, untergäriges Bier, das sich für längere Lagerzeiten und Transporte eignet. Der Stammwürzegehalt liegt bei circa 12,5 %, die Hopfenzugaben sind manchmal etwas höher als beim Hellen.

Keller- oder Zwickelbier
Meist helles, untergäriges Bier, das ungefiltert, vor allem direkt in der jeweiligen Brauereigaststätte ausgeschenkt wird, da es eine geringe Haltbarkeit besitzt und stets frisch getrunken werden sollte. Es enthält noch alle natürlichen Schweb- und Trübstoffe und ist somit ernährungsphysiologisch wertvoller als filtrierte Biere.

Bock (Hell/Dunkel)
Ein meist sehr vollmundiges, süffiges, malzbetontes, untergäriges Bier auf Basis von Gerstenmalz und einem Stammwürzegehalt von 16 % und mehr. Übrigens: Die Bezeichnung ist bayerisch, nicht jedoch die Erfindung dieses Biertyps. »OamBOCK« nannten die Bajuwaren das niedersächsische Einbeck, aus dem das erste Bier dieses Typs stammte.

Gebraut wurde das Bockbier einst hauptsächlich von Klosterbrauereien, um mit ihm gut über die Fastenzeit zu kommen (»Flüssiges bricht Fasten nicht!«). Weil es aber auch gut schmeckt, verlängerten viele Braumeister diese schöne Zeit kurzerhand noch mit einem Maibock. Und wem dies alles noch nicht reichte, der setzte noch einen drauf und braute den Doppelbock – diesmal wirklich eine bayerische Erfindung – mit einem Stammwürzegehalt von 18 % und mehr und damit auch einem Alkoholgehalt von häufig über 7,5 %. Erkenntlich ist diese bayerische Spezialität meist an der Endung »-ator« wie Eichator oder Palmator.

Märzen
Märzen sind helle oder auch dunklere, malzbetonte, körperreiche, untergärige Biere mit einem Stammwürzegehalt von circa 13,5 %. Zwischen dem Hellen und dem Bock angesiedelt, hat das Märzen seinen Ursprung in Zeiten, in denen es noch keine Kühlmaschinen gab. Seinerzeit konnte oft nur in der kühleren Jahreszeit, eben bis März, gebraut werden und die letzten Biere mussten als Vorrat für die kommenden Monate etwas stärker und damit haltbarer eingebraut werden. Auch die meisten »Festbiere« sind von diesem Typ.

Hefeweizen (Hell/Dunkel)
Ein relativ liebliches und spritziges, kohlensäurereiches, obergäriges Bier, gebraut auf Basis einer Mischung von hellem oder dunklerem Gersten- und Weizenmalz mit einem Stammwürzegehalt von circa 12,5 %. Das

hefetrübe, unfiltrierte Bier reift erst bei der Flaschengärung voll aus.

Kristallweizen
Unterscheidet sich vom Hefeweizen vorwiegend dadurch, dass das ausgereifte obergärige Weizen vor der Flaschenabfüllung sorgsam filtriert wird.

Weizenbock
Ein sehr vollmundiges, malzbetontes und meist nur relativ schwach gehopftes, obergäriges Weizenbier mit einem Stammwürzegehalt von circa 17,5 %.

Neben den hier genannten Biersorten gibt es in unserer Region noch eine ganze Reihe weiterer Bierspezialitäten, die sich überwiegend durch abweichende Techniken oder die Auswahl besonderer Rohstoffe, z.B. Malzarten, von den Standardtypen unterscheiden. Die Vielfalt des regionalen Bierangebots wird in den einzelnen Kapiteln dieses Buches noch ausführlicher dargestellt.

Der Hopfen aus der Hallertau
Geschichte - Anbau - Hopfenmuseum

Wegen des besonderen regionalen Bezugs wollen wir uns in diesem Buch etwas näher mit einem der vier Grundstoffe des Bieres beschäftigen: dem Hopfen.

Heutzutage wird die Landschaftsbezeichnung »Hallertau« von den meisten Menschen gleichgesetzt mit dem Begriff »Hopfenanbau«. Dies ist recht bemerkenswert, weil es kultivierten Hopfen in der Hallertau in größerem Umfang noch gar nicht so lange gibt. Noch vor 200 Jahren, so behaupten böse Zungen, markierten ganz andere Holzstangen die Hallertauer Gemarkung, nämlich die vier Galgen von Moosburg, Freising, Abensberg und Pfaffenhofen. Was hatte nun dazu geführt, dass der Hopfenanbau in so kurzer Zeit nahezu zum Synonym für eine ganze Region wurde?

Ein erster Beleg über die Verwendung von Hopfen findet sich in den Klosterurkunden des damaligen Hochstifts Freising aus dem Jahre 860, in dem der Weiler Gründl, nahe Nandlstadt, einem kleinen Ort mitten in der Hallertau, genannt wird. Allerdings hat es sich damals sicherlich nicht um »kultivierte« Hopfenpflanzen, sondern um die in Auwäldern und an Waldrändern auch heute noch zu findende Wildform des Hopfens gehandelt. Auch spielte der Hopfen zu jener Zeit kaum eine Rolle bei der Zubereitung des damaligen Getreidegebräus.
Erst im Laufe des Früh- und Hochmittelalters, also um die Jahrtausendwende, scheinen Brauer und Biertrinker allmählich entdeckt zu haben, dass mit Hopfen gebrautes Bier besser schmeckt und zudem die Hopfenbeigabe das Bier auch nicht so schnell verderben lässt. In dieser Zeit erlebte Hopfenbier eine erste Blütezeit, allerdings nicht in Bayern. Die wichtigsten Märkte hießen vielmehr Hamburg, Braunschweig, Rostock, Kiel und ab dem 15. Jahrhundert auch Köln. Der Hopfen wurde zu dieser Zeit überall dort angebaut, wo er gebraucht wurde, also meist gleich am Ort der Brauerei, die ihn benötigte.
In Bayern entwickelte sich der Hopfenanbau, nicht zuletzt gefördert durch den Erlass des Reinheitsgebotes von 1516, in den folgenden Jahrhunderten recht langsam und verstreut in zahlreichen Gebieten, vor allem in mehreren kleinen Hopfenregionen rund um Nürnberg.

Bewegung kam in die zähe Hallertauer Hopfenwirtschaft erst nach 1848, im Zuge der »Bauernbefreiung«, als die nötigen Reformen erlassen waren und als vor allem endlich die Verdienstmöglichkeiten ein interessantes Niveau erreichten. So zögerlich die Hopfenbegeisterung

begonnen hatte, so wenig ließen sich die Hallertauer nun aufhalten. Im Jahr 1860 fiel der Startschuss, die Hopfenpreise hatten erstmals schwindelerregende Höhen erreicht, und nun brach in der Hallertau der Hopfen-(Gold)rausch aus. Schon nackte Zahlen vermitteln die damalige Euphorie. 1815 belief sich die Hallertauer Hopfenernte auf geschätzte 1500 Zentner, gerade 60 Jahre später erntete man schon 50 mal so viel! Zu Spitzenzeiten konnte ein Zentner Hopfen damals um die 500 Mark einbringen, bei einem mittleren Jahreseinkommen von 600 Mark für einen Landwirt eine wahrhaft ungeheure Zahl.

Allerdings beschränkte sich die Begeisterung nicht nur auf die Hallertau. In ganz Deutschland wurden Hopfensetzlinge gepflanzt, soviel man herbeischaffen konnte. Dementsprechend ließ die Krise nicht lange auf sich warten. Im Jahre 1889 vermeldeten die Hopfenpflanzer im Deutschen Reich eine Rekordernte: 775000 Zentner Hopfen. Das war eine so gewaltige Menge, dass es etwa 100 Jahre dauerte, bis diese wieder erreicht wurde. Unmittelbar darauf stürzten die Preise ins Bodenlose und die Existenz unzähliger Hopfenbauern nahtlos hinterher. Fast überall im Deutschen Reich musste man den Hopfenbau aufgeben und erst jetzt entwickelte sich die heute bekannte Struktur. Der gesamte Hopfenbau konzentrierte sich nun auf ein paar eng begrenzte Anbaugebiete, an deren Spitze einsam eine Region übrig blieb: die Hallertau.

Heute ist das Dreieck zwischen München, Ingolstadt und Landshut das mit Abstand bedeutendste Hop-

Erntezeit in der Hallertau

Von Ende August bis Ende September erntet der Bauer die Hopfenreben ...

fenanbaugebiet der Erde, rund 30 Prozent des gesamten Weltbedarfs werden hier produziert. Zu dieser Entwicklung haben sicherlich zuerst einmal die natürlichen Voraussetzungen beigetragen, nämlich die ausreichend tiefgründigen Böden und das für den Hopfenanbau optimale milde Klima. Auch war die alte Hallertauer Hopfensorte von besonders hoher Qualität und konnte sich gegen die Konkurrenz aus Böhmen und aus Frankreich gut behaupten. Zusätzlich hat die zügige Umsetzung vieler technologischer Neuerungen zum Erfolg des Hopfenanbaus in dieser Region beigetragen; speziell beim Bau von Gerüsten für die Hopfenpflanzen zögerte man nicht lange. Vom alten »Stangenhopfen«, bei dem jede Pflanze an einer eigenen, hölzernen Säule nach oben wächst, stellte man früh auf die modernen Drahtgerüste um. Als im fränkischen Hersbruck in den 30er Jahren noch weite Hopfengärten mit Stangen bebaut wurden,

war die Hallertau schon komplett »verdrahtet«. Wurden bis zur Mitte des vergangenen Jahrhunderts während der Erntezeit, von Ende August bis Ende September, noch bis zu 200000 Hopfenzupfer, meist aus den strukturschwächeren Gebieten des Donaumooses, der Oberpfalz und des Bayerischen Waldes, beschäftigt, so setzte ab 1950 eine rapide Mechanisierung des Hopfenbaus ein. Im Jahre 1955 verrichtete erstmals eine Hopfenpflückmaschine ihre Arbeit in der Hallertau, kaum zehn Jahre später wurde bereits die gesamte Ernte mit Maschinen eingefahren. Trotz aller

technischer Errungenschaften sind jedoch auch heute noch der Anbau, die Pflege und die Ernte des Hopfens harte Arbeit und der Hopfenbau die mit Abstand arbeitsintensivste landwirtschaftliche Kultur. Auch heute noch will der Hopfen sprichwörtlich »jeden Tag seinen Herrn sehen«. Ein Hopfenbauer, der heute ein leeres Feld – man spricht seit jeher vom »Hopfengarten« – bepflanzen will, muss sich zuerst einmal Gedanken hinsichtlich der Wahl der Hopfensorte machen. Waren es früher meist die traditionellen regionalen Sorten, so handelt es sich heutzutage überwiegend um Zuchtsorten, die entweder bessere Resistenzen gegenüber Krankheiten oder Schädlingen zeigen, oder deren Gehalt an gewünschten Inhaltsstoffen höhere Werte aufweist.

Die Weitergabe der neuen Hopfenpflanzen erfolgt nie über Samen, sondern nur über Setzlinge, sogenannte Fechser. Hopfenbauern ziehen sich ihren Bedarf an neuen Setzlingen aus Schnittfechsern von vorhandenen Stöcken entweder selbst oder kaufen sie von Nachbarn zu. Bei der Einführung einer neuen Sorte bezieht man virusfreies Fechsermaterial von einem speziellen Vermehrungsbetrieb. Ein Hopfenstock wird im Winter nicht gerodet. Er bleibt über Jahre im Boden, theoretisch sogar über mehrere Jahrzehnte. Allerdings bringt der Bedarf der Brauer an neuen Inhaltsstoffkombinationen und -konzentrationen einen häufigeren Wechsel der Hopfensorten mit sich. Das durchschnittliche Alter der Hopfenstöcke liegt deshalb bei etwa 15 Jahren.

Hopfen braucht eine Kletterhilfe, sonst kann er nicht ausreichend wachsen. In der Natur sucht er sich

Erntezeit in der Hallertau

... und bringt sie zur Weiterverarbeitung auf seinen Hof ...

dazu Büsche oder Baumstämme, die er überwuchert. Eine ähnliche Methode wählte auch der Mensch über lange Zeit, um Hopfen zu kultivieren. Dünne, geschälte Baumstämme dienten als Hopfenstangen. Zur Erntezeit hob man die Stangen aus dem Boden, streifte die Reben ab und erntete die Dolden auf dem Hof, in der Stube oder in der Scheune.

In der Hallertau begann man um 1890, den Hopfen an Drahtgerüsten anzubauen und tut dies bis zum heutigen Tag. Die sieben Meter hohen Gerüstanlagen sollen möglichst lange stehen bleiben, schließlich bedeuten sie für den Hopfenpflanzer eine erhebliche Investition. Häufig beschäftigt man deshalb für den Aufbau spezielle Gerüstbauer, die sogenannten »Hopfenmacher«.

Im Frühjahr beginnen die jährlichen Arbeiten mit dem Aufdecken. Der Hopfenstock wird aus dem Erdhaufen, mit dem er den Winter über zugedeckt war, freigelegt. Im Anschluss daran folgt das Schneiden des Hopfenstocks, früher unter Zuhilfenahme eines einfachen, sichelartigen Hopfenmessers. Dieses Schneiden kann sich je nach Hopfensorte von Mitte März bis Mitte April hinziehen. Inzwischen nutzen die Bauern ein kombiniertes Aufdeck- und Schneidgerät, das am Traktor montiert wird und in einem Arbeitsgang diese ehemals so aufwendigen Arbeiten erledigt.

Beim Aufhängen der Drähte, die dem Hopfen als Kletterhilfe dienen, nutzt man heute ebenfalls Traktor und Kanzel. Draht für Draht muss aber immer noch per Hand oben an den Laufdraht des Gerüstes angehängt werden.

Bis heute blieb auch der nächste Arbeitsgang, das Anleiten der Reben an den Draht, ohne großen Wandel. Hier ist reine Handarbeit gefordert, eine Hopfenanleitmaschine oder ähnliches hat bisher noch niemand erfunden. Hopfenbauern sprechen vom »tausendfachen Kniefall vor dem Hopfen«, je nach Sorte leitet man zwei oder drei Triebe auf, die restlichen werden entfernt.

Natürlich ist der Pflanzenschutz auch beim Hopfen ein wichtiges Thema. Hopfen ist sehr empfindlich gegenüber Schädlingen und Krankheiten, und durch seinen hohen Wuchs ist eine effiziente und trotzdem umweltschonende Bekämpfung sehr aufwendig. Dabei ist hier keineswegs immer nur

Zeit eine Hopfenbauregion besucht, kann überall das intensive Aroma des Hopfens riechen, das den ganzen Landstrich überzieht.

Auch bei der Ernte ist die Zeit der Handarbeit lange vorbei. Die Idee einer Hopfenpflückmaschine beseelte die Gedanken von Mechanikern und Ingenieuren bereits seit Ende des 19. Jahrhunderts, doch es dauerte noch Jahrzehnte, bis dieser Traum in Erfüllung ging. Erst Mitte der Fünfziger Jahre wurden die ersten Maschinen, erfunden in England und Belgien, in der Hallertau eingesetzt. Schon zehn Jahre später gab es kaum mehr einen Hopfenbetrieb, in dem der Hopfen noch mit der Hand gezupft wurde. Grundprinzip jeder Pflückmaschine ist die Aufteilung in das Pflücken der gesamten Hopfenrebe einerseits und ihrer anschließenden Trennung in die einzelnen Bestandteile, also Dolden, Blätter und Stiele, andererseits. Hopfenpflückmaschinen werden stationär aufgestellt, das heißt, sie stehen auf dem Hof des Bauern, die Hopfenreben werden im Hopfengarten abgetrennt und zur Maschine

der Einsatz von chemischen Mitteln gefragt. So wirkt beispielsweise das Hopfenputzen, also das Entfernen von Bodentrieben und bodennahem Laub, gegen den Befall der Hopfenpflanze mit diversen Pilzkrankheiten. Zudem gilt es, das Wirken von Nützlingen so weit es geht zu fördern und Schädlinge und Krankheiten möglichst früh zu erkennen, um die nötigen Maßnahmen so gering wie möglich halten zu können. Geerntete Hopfendolden dürfen gesetzlich reglementierte Rückstandsmengen von Pflanzenschutzmitteln nicht überschreiten. Wochen vor der Ernte werden deshalb keinerlei chemische Pflanzenschutzmaßnahmen mehr vorgenommen. Ende August beginnt die Erntezeit des Hopfens, die sich, abhängig von der Sorte, bis Ende September hinziehen kann. Wer in dieser

Erntezeit in der Hallertau

... wo die Dolden vom Rest getrennt und sofort getrocknet werden.

gebracht. Die Idee einer fahrbaren Pflückmaschine versuchten findige Konstrukteure zwar immer wieder voranzutreiben, sie hat sich aber nie durchsetzen können.

Ob mit Hand oder Maschine gepflückt, Hopfendolden müssen sofort nach ihrer Ernte getrocknet, also »gedarrt« werden, sonst verderben sie. Die Heißlufttrocknung erfolgt mit Hilfe spezieller Trockenanlagen, den »Darren«. So prägen die turmhohen Darrgebäude bis heute die Ortsbilder in Hopfenanbaugebieten. Sie verfügen über einen meist ölbetriebenen Lufterhitzer, der den in mehrere Ebenen übereinander aufgeschütteten Hopfen heruntertrocknet, bis dieser nur noch einen Wassergehalt von 10% aufweist. Anschließend wird der getrocknete Hopfen noch auf dem Hof des Bauern in rechteckige Ballen eingepresst und gelagert, früher erledigte diese Aufgabe der »Hopfentreter«. Vom Hopfenhändler beauftragt, kam er auf den Hof und presste den Hopfen durch Einstampfen in hohe Säcke, die anschließend vernäht und abtransportiert wurden. In eigenen Aufbereitungsanlagen, sogenannten Präparieranstalten, wurde der Hopfen dann weiter verarbeitet, das heißt mechanisch gereinigt, noch einmal exakt auf 10% Wassergehalt getrocknet und anschließend gewogen und mit dem Siegel seines Herkunftsortes versehen. Auch dies ist inzwischen Vergangenheit, die Endverarbeitung, Verpackung und Siegelung erfolgt heute direkt beim Bauern. Qualitätsprüfungen werden in einem neutralen Labor durchgeführt, in dem man anhand eines Bewertungssystems den Hopfen prüft und seine Qualität bewertet und klassifiziert.

Der letzte Schritt ist für den Hopfenbauern der Verkauf an den Handel, da er nur in wenigen Fällen direkt an den Verwerter des Hopfens, die Brauerei oder auch die pharmazeutische Industrie, liefert. Den Hopfenmarkt teilen sich in Deutschland heute nur noch eine Handvoll Handelsfirmen. Zu den Zentren zählen, wen wundert es, auch Wolnzach und Mainburg im Herzen der Hallertau.

Natürlich können wir hier nur einen kleinen und zum Teil auch nur unvollständigen Beitrag zur Geschichte des Hopfenanbaus und zu den Wegen der Pflanze vom Anbau bis hin zur Verwendung in unserem Lieblingsgebräu leisten. Wer tiefer in diese Materie einsteigen möchte, dem sei wärmstens der Besuch des Deutschen Hopfenmuseums im Zentrum von Wolnzach, inmitten der Hallertau, empfohlen. Im erst vor wenigen Jahren eröffneten Museum, dessen moderne Architektur einem Hopfengarten nachempfunden ist, erfährt der Besucher alles Wissenswerte über den Hopfen, von der Botanik bis zum Bierbrauen, vom Anbau bis zum Hopfenhandel, von der Geschichte bis zur Gegenwart. Geöffnet ist das Museum dienstags bis sonntags von 10.00 bis 17.00 Uhr.

Weitere Details zur Ausstellung, zu den Eintrittspreisen sowie Informationen zu Führungen und Seminaren erhalten Sie unter **www.hopfenmuseum.de.**

Die Texte dieses Kapitels basieren weitgehend auf Vorlagen, die uns freundlicherweise von Herrn Dr. Christoph Pinzl, dem Leiter des Deutschen Hopfenmuseums, Wolnzach, für dieses Buch zur Verfügung gestellt wurden. Wir danken Herrn Dr. Pinzl für seine Beiträge und die uns gleichzeitig überlassenen historischen Aufnahmen. Unser Dank gilt auch der Familie Prummer, Hopfenbauern aus Elsendorf-Mitterstetten, die uns eine Vielzahl von Fotoaufnahmen während der Hopfenernte und dessen Weiterverarbeitung auf ihrem Hof ermöglichten.

Liebe Bier- und Wanderfreunde,

ich bin der Paul. Manche kennen mich sicher schon von den »Bierwanderungen rund um Regensburg«. Ich werde auch rund um München wieder teilweise die Beschreibungen Eurer Touren übernehmen. All denen, die über mich noch gar nichts wissen, möchte ich ein paar mehr Infos bezüglich meiner Person geben, damit Ihr Euch ein wenig besser in mich hineinversetzen könnt.

Also eigentlich komme ich ja zu dieser ganzen Sache wie die Jungfrau zum Kind, denn mit den Alten (so nenn' ich einfach immer die Eltern meines Frauchens) hab' ich eigentlich gar nix zu tun. Mein »Frauchen« ist ja deren Tochter Katrin, aber seit die so 'nen Bayerwaldler geheiratet hat, kommt sie kaum noch nach Hause, und als ich dann vor einigen Monaten auch noch einen Bruder bekommen habe, wurde alles noch schlimmer. Wickeln hier und Fläschchen bereiten da, Popo pudern dort und dies und das. Rüde oh Rüde, wenn sich mal jemand so um mich kümmern würde!

Hallo, ich bin der Paul.

Da bin ich schon manchmal ziemlich neidisch auf den Felix, so heißt er eigentlich mit Vornamen, aber meist nennen ihn meine Zweifüßler »Samson«. Ich bin mir bis heute nicht sicher, was dieser Spitzname nun wirklich bedeuten soll. Ist es der biblische Samson, die »kleine Sonne«, dem als Auserwähltem Gottes nie sein Haar geschnitten werden durfte? In diesem lag nämlich das Geheimnis seiner unbezwingbaren Stärke, die sich in außergewöhnlich zerstörerischen Wutausbrüchen äußern sollte. Na dann Prost Mahlzeit, wenn Samsons rote Mähne noch länger wird!

Oder ist es vielleicht der Samson aus der Sesamstraße, der zottelige, leicht naive Bär, der mit seiner CD »Ich heiß' Samson« Weltruhm erlangte? Auf der sind so tolle Titel zu hören wie »Mein Schnuffeltuch«, »Ich mag Wurst« oder der »Hängematten-Song«. Halt hochintelligente Liedtexte, wie so üblich bei den Schlagersternchen. Das kann dann auch lustig werden, wenn Samson erst einmal singen kann!

Wir werden ja sehen, was daraus wird. Im nächsten Buch weiß ich vielleicht schon mehr. Da ich jedenfalls nicht immer alleine zuhause rumhängen möchte, bleibt mir gar nichts anderes übrig, als mit meinen Alten laufend diese Biertouren zu machen.

Apropos Bier: Persönlich kann ich diesem »Stoff« ja gar nichts abgewinnen. Ich verstehe überhaupt nicht, wie man einem solchen Saft eine ganze Buchreihe widmen kann. Schon wenn es in die Nähe meiner Nase kommt, verschwinde ich, naja, Ihr Menschen könnt das mit Eurem schwachen Riecher wohl nicht nachvollziehen. Immerhin komm ich durch dieses Gebräu in letzter Zeit viel mehr an die frische Luft und kann mir ganz neue Welten erschnüffeln.

Aber ansonsten sind die »Bierwanderungen« nicht immer das reine Honigschlecken. Meine Menschen haben kaum Gespür für die wahren Sehenswürdigkeiten abseits der Wege. Keine Nase für eine Wildschweinfährte oder einen extrem wohlriechenden Pferdeapfel, eine herrlich duftende tote Maus oder wahnsinnig leckeres Kleingetier (wie zum Beispiel eine süße Katze). Nein, immer werde ich da wieder weggezogen und muss mich noch blöd anmachen lassen: »Paul aus! Paul sitz! Paul zieh nicht so!«

Und wenn ich dann so ein bis zwei Stunden frische Luft schnuppern konnte und vielleicht auch mal den einen oder anderen leckeren Schluck aus einer moderigen Pfütze nehmen durfte, dann naht auch schon die nächste Grausamkeit: Es geht in einen Brauereigasthof, das ist so ziemlich das Schlimmste, was man sich in einem Hundeleben vorstellen kann. Es riecht für meine empfindliche Nase zu stark nach sogenannten »Schmankerln« wie Bärwurz, Enzian, oder was weiß ich für Flüssigkeiten – behüte Gott meinen Napf vor solchen Sachen!

Und wenn's dann überraschenderweise doch mal gut riecht, zum Beispiel nach Schweinsbraten, Haxen oder Bratwürsten, und sich meine Nase ganz vorsichtig in Richtung Tischkante vorpirscht – zack, bekomme ich wieder eins drüber, weil »hund« das nicht macht und mir Schweinernes angeblich auch nicht bekommt, so ein Schmarrn! Einfach ist das Hundeleben nicht mit den Alten!

Also, das reicht erst mal für den Anfang. Mehr über mich erfahrt Ihr in den folgenden Kapiteln und für weitere Auskünfte stehe ich natürlich jederzeit auf allen vier Pfoten zur Verfügung – Kontaktaufnahme am besten über meine neue E-Mail-Adresse*.

Mit hündischen Grüßen

Euer Paul

* paul@bierwanderungen-online.de

Also manchmal ist so ein Brüderchen ja ganz lustig, zum Beispiel mit 'ner Kuh auf dem Bauch.

Aber solange »Samson« noch nicht richtig mit mir spielen kann, sind mir die echten Rindviecher lieber!

Bierwanderung Nr. 1

Durchs Hallertauer Hopfenland zur Schlossbrauerei Au!

Von der Mariahilfkapelle durch den Wald und vorbei an großen Hopfenfeldern zur Schlossbrauerei nach Au und von dort über grüne Wiesen zurück Richtung Kapelle.

Schlossbrauerei Au i.d. Hallertau
Schlossbräugasse 2
84072 Au i.d. Hallertau

Tel. 08752 86 32-0
Fax 08752 86 32-30

info@auer-bier.de
www.auer-bier.de

Von einem kleinen Parkplatz in der Nähe der Mariahilfkapelle aus führt uns der Weg zunächst durch den Wald nach Rudertshausen. Dann geht es vorbei an großen Hopfenfeldern, durch die Ortschaft Osseltshausen und hinein nach Au zur Schlossbrauerei. Nach unserer Einkehr verläuft der Weg hauptsächlich über Wiesen und Felder zurück zur Mariahilfkapelle.

Die Anfahrt mit dem PKW

Von München aus nehmen wir die A9 Richtung Nürnberg und verlassen die Autobahn an der Ausfahrt »Pfaffenhofen/Au i.d. Hallertau«. Von hier aus folgen wir der Beschilderung nach Au und fahren in den Ort hinein. Mitten im Ort treffen wir auf eine Querstraße, die B301, in die wir nach links in Richtung Mainburg einbiegen. Am Ortsende von Au angelangt, biegen wir abermals links ab; diese Straße führt nach Wolnzach und Rudertshausen. Nach ungefähr zwei Kilometern erreichen wir den Weiler Haarbach, in dem wir der zweiten Straße nach rechts folgen. Wir befinden uns

jetzt auf einem Schotterweg in Richtung der Mariahilfkapelle. Nach wenigen Metern stellen wir unser Fahrzeug am Rand dieses Weges ab und beginnen unsere Wanderung.

Der Hinweg

»Also ich muss sagen, ich bin ja mal wirklich gespannt, was da heute auf mich zukommt. Meine Alten erzählen die ganze Zeit etwas von Hopfen, und die Hallertau nennt sich ja auch »das Hopfenland«. Das Problem ist nur, ich weiß gar nicht wie jetzt so ein Hopfentier eigentlich aussieht. Ich meine, hat es langes Fell oder kurzes, wie groß ist es, hat es vier Beine oder mehr und ist es vielleicht sogar noch gefährlich? Also ich sag's Ihnen, diese Ungewissheit!«

Zunächst einmal bleiben wir auf dem Schotterweg, den wir bis hierher gefahren sind und der ab hier auch für Fahrzeuge gesperrt ist. Wir folgen ihm geradeaus in einen dichten Fichten-Buchen-Mischwald hinein und erreichen schon nach wenigen Metern die Mariahilfkapelle.

Wer möchte, kann auch einen kurzen Blick hinein werfen. Dann geht es rechts an der Kapelle vorbei und direkt danach links ab auf einen Waldweg in Richtung Rudertshausen. Vor uns liegt nun ein ziemlich düsterer Fichtenwald, durch den wir leicht bergab wandern, bis wir unten auf einen breiteren Feldweg treffen. Auf diesem gehen wir nun nach rechts weiter und dann in einer Linkskurve hinaus aus dem Waldgebiet. Unser Weg führt uns jetzt erst einmal geradeaus durch Korn- und Hopfenfelder und schon von Weitem können wir eine Kirche mit Zwiebeltürmen erkennen. In weiten Biegungen bringt uns der Weg dieser Kirche und dem dazugehörigen Ort Rudertshausen näher.

»Aha, jetzt sind wir eben an Hopfenfeldern vorbeigegangen. Dieser Hopfen scheint mir ja doch ein etwas schüchterner Zeitgenosse zu sein, zumindest hab ich noch keinen zu Gesicht bekommen. Man muss aber auch sagen,

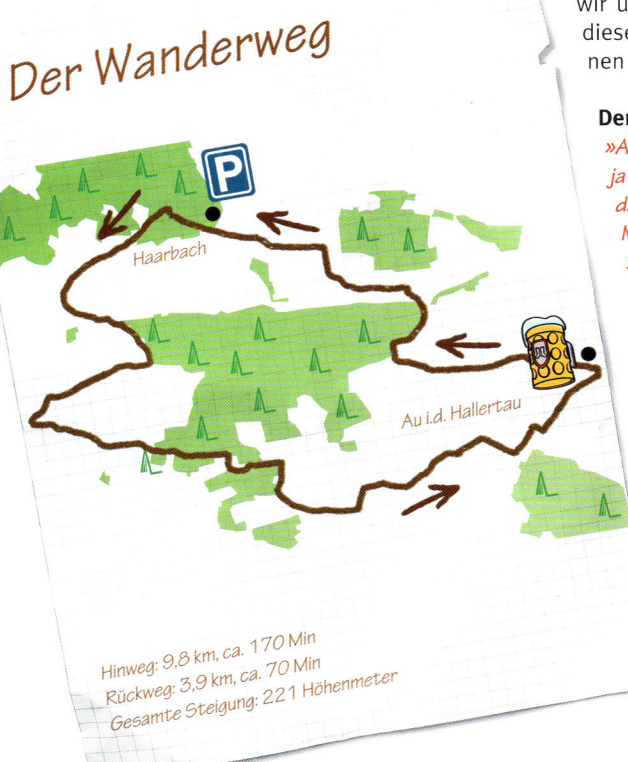

Der Wanderweg

Hinweg: 9,8 km, ca. 170 Min
Rückweg: 3,9 km, ca. 70 Min
Gesamte Steigung: 221 Höhenmeter

der hat ja auch genügend Möglichkeiten sich zu verstecken auf seinen Feldern. Überall haben die da das Grünzeug an so Leinen aufgehängt. Ja, richtig gemütlich haben sie es diesem Hopfen gemacht.«

Im Ort angekommen geht der Schotterweg in eine asphaltierte Straße über, der wir nach links folgen, dann überqueren wir die Hauptstraße (»Waldstraße«) und gehen nun geradeaus auf der Ringstraße weiter talwärts. Bereits nach wenigen Metern gabelt sich das Sträßchen, wir halten uns links und erreichen ganz kurz darauf eine Querstraße, in die wir ebenfalls nach links einbiegen. Es dauert nicht lange, dann

mündet die geteerte Straße in einen sandigen Feldweg. Diesen wandern wir einige hundert Meter entlang, bis wir erneut an eine Wegegabelung gelangen. Diesmal folgen wir dem rechten Weg, der in einigen Windungen immer leicht bergan an den Rand eines Wäldchens führt. Dort angekommen bleiben wir weiter auf dem Hauptweg, gehen also nicht in den Wald hinein, sondern marschieren immer am Waldrand entlang leicht bergan. Erst später führt auch unser Weg in den Wald hinein, an dieser Stelle befindet sich auf der linken Seite ein alter Waldbestand und auf der rechten eine kleine Fichtenschonung, hinter der sich weitere Hopfenfelder erstrecken. Wir gehen hier weiter geradeaus, direkt in die Hopfenfelder hinein.

»So, jetzt geht es direkt rein in das Feld von so einem Hopfen. Wenn ich jetzt keinen finde, dann fange ich aber echt an, an meinen Spürhundqualitäten zu zweifeln. Also, los geht's, auf ins Hopfenfeld!«

Wir gehen jetzt auf einem kleinen Fahrweg durch ein Hopfenfeld hindurch, vor uns sehen wir bereits ein Wäldchen. Unser nun wieder etwas breiter werdender Weg führt zwischen diesem Lärchen-Fichtenwald, der sich links von uns befindet, und weiteren Hopfenfeldern, rechts von uns, hindurch. Nun gilt es einen leichten Anstieg zu bewältigen, hinauf auf einen Hügel.

Oben kommen wir an eine Querstraße, der wir nach rechts folgen und geradeaus weiterwandern, bis wir eine kleine Häusergruppe erreichen. Dort nehmen wir die asphaltierte Straße und bewegen uns auf dieser nach links in Richtung Osseltshausen. Direkt am Anfang der Ortschaft, noch bevor wir an der Kirche angelangt sind, müssen wir nach links abbiegen, in die Sepp-Angermüller-Straße.

Nachdem wir ein paar Häuser passiert haben, geht die Straße wieder in einen Feldweg über, welcher sich, wie sollte es heute auch anders sein, durch weitere Hopfenfelder zieht.

An der nächsten Wegegabelung, die wir erreichen, wählen wir die rechte Möglichkeit und es geht weiterhin durch Hopfenfelder. Eine ganze Weile wandern wir auf diesem Weg, bis zu einem Fichten-Kiefern-Mischwald, bleiben auf unserem Weg und durchqueren das Waldstück. Es geht nun in leichten Links- und Rechtskurven etwas bergab durch Wälder und Felder.

Rechts von uns können wir im Tal den Kleintonhof entdecken, wir gehen aber weiterhin geradeaus und unser Weg verläuft in der Folge durch Fichten- und Buchen-Mischwälder. Wir ignorieren sämtliche Wege, die nach links und rechts abgehen, und bewegen uns weiter geradeaus, bis unser Waldpfad an einem Querweg endet.

»Ich habe immer noch keinen von diesen Hopfen entdecken können, aber hier sieht es so aus, als hätten etliche Wildschweine den Boden umgepflügt. Naja, alles schön und gut, ich glaube langsam, dass es dieses Hopfentier gar nicht gibt.«

Am Querweg laufen wir nach rechts und gehen wenige Meter hinunter zu einer kleinen Straße, auf die wir nach links in Richtung Au abbiegen. Jetzt heißt es, vorsichtig dieser schwach befahrenen Straße einige hundert Meter auf der linken Straßenseite folgen. Wir nehmen dann die schmale Fahrstraße, die rechts ab nach Günzenhausen geht. In der Mitte des Dorfes angelangt, machen wir, wie die Straße auch, eine 90°-Rechtskurve und bewegen uns Richtung Ortsausgang. Direkt vor dem letzten Haus gehen wir nach links in eine kleine asphaltierte Straße, die auf ein Stallgebäude zuführt. Hinter diesem Hof knickt unser Weg links ab, geht hier wieder in einen Sand- und Schotterweg über und führt leicht bergan auf einen kleinen Hügel. Ein wenig später macht unser Weg eine leichte Rechtskurve und jetzt sehen wir vor uns bereits das Städtchen Au liegen. An einer Wegegabelung, welche wir kurz darauf erreichen, halten wir uns rechts, weiter in Richtung Au. Das Gleiche gilt auch für die nächste Wegegabelung, die wir vorfinden. Jetzt gilt es genau aufzupassen! Nachdem wir an eine kleine Scheune gelangen, biegen wir hinter dieser nach rechts ab auf einen schmalen Trampelpfad, der am Rand eines Feldes verläuft. Am Ende des Feldes angekommen, wenden wir uns nach links und gehen ein kurzes Stück über eine Wiese, bis wir auf einen Feldweg stoßen. Wir folgen diesem Weg nach rechts, direkt auf unseren Zielort Au zu. Noch einmal treffen wir auf eine Wegegabelung, diesmal entscheiden wir uns für den linken Pfad, der kurz darauf in einer starken Rechtskurve verläuft, ehe wir unten im Tal die Staatsstraße 2045 erreichen. Auf ihr wandern wir nach links weiter und nach nur wenigen Metern gelangen wir auf einen Fußgängerweg, der uns nach Au hinein führt. Im Ort wechseln wir kurz vor einem Getränkemarkt die Straßenseite und gehen nach rechts über eine kleine Brücke, welche die Abens überquert. Kurz danach geht es dann nach links weiter, in die Schießstraße, auf der wir zunächst geradeaus weiterwandern, und dann in einer langgestreckten Rechtskurve leicht bergan. Am Ende dieser Kurve gehen wir nicht auf der Alten Schlossstraße weiter, sondern biegen nach links in eine kleine Gasse ein. Das Schloss können wir jetzt schon sehen, und nachdem wir hinunter zur Hauptstraße gegangen sind, sind es nur noch knapp siebzig Meter, die wir nach links weiter laufen müssen, bis wir unser Ziel erreicht haben.

Die Brauereigaststätte

Der Biergarten der Brauereigaststätte bietet unter riesigen Kastanien zahlreiche Schattenplätze und einen herrlichen Ausblick auf das Schloss. Ansonsten kann man auch im

Öffnungszeiten	
Montag	Ruhetag
Dienstag	ab 17.00 Uhr
Mittwoch	ab 17.00 Uhr
Donnerstag	ab 17.00 Uhr
Freitag	ab 10.00 Uhr
Samstag	ab 10.00 Uhr
Sonn- und Feiertag	ab 10.00 Uhr

Schlossbräukeller, einem gemütlichen Gewölbe, Platz nehmen oder sich im alten Sudhaus bedienen lassen. Bis vor wenigen Jahren wurde hier sogar noch das Bier gebraut und das lässt sich auch heute noch erkennen – Sie sitzen direkt zwischen den alten Sud-

kesseln. Doch nicht nur diese sind sehenswert und sorgen für eine angenehme Atmosphäre, es gibt hier auch die größte Brauerei-Emaille-Schildersammlung der Welt zu sehen, die der Baron Eugen Beck Freiherr von Peccoz in den vergangenen vierzig Jahren ständig erweitert hat. Die Wirtsleute Stefanie Bulling und Claus Soller bieten neben original bayerischen Mahlzeiten auch eine

leichte, moderne Küche an. Daneben organisieren sie immer wieder ausgefallene Veranstaltungen, wie ein Rittermahl mit dazu passenden Speisen, das in zeitgenössischen Kostümen serviert wird. Nähere Informationen dazu können Sie der Internetseite entnehmen.

Die Brauerei
Der erste Hofbräumeister von Au hieß Schweiger und seine urkundliche Nennung liegt mittlerweile über 400 Jahre zurück; genauer gesagt datiert sie aus dem Jahre 1590. Es soll jedoch auch andere Hinweise geben, nach denen das Braurecht von Au so alt sei wie das Schloss und die Hopfenkultur in der Hallertau selbst. Das

Die Biere

	Stammwürze	Alkohol
Ecco Premium Pilsener	11,8 %	4,9 %
Auer Hell	11,3 %	4,7 %
Auer Dunkel	12,5 %	5,2 %
Holledauer Weisses	12,7 %	5,3 %
Holledauer Dunkles Weißbier	12,0 %	5,0 %

würde bedeuten, es handele sich sogar um über 900 Jahre. Seit 1846 befinden sich Schloss und Brauerei im Besitz der Freiherren Beck von Peccoz; mittlerweile werden sie in der sechsten Generation von Caterina und ihrem Bruder Michael Beck von Peccoz geleitet.

Der Rückweg
Wir verlassen die Brauerei, gehen zur Hauptstraße und dort nach rechts, leicht bergab, bis wir eine Brücke erreichen, die über die Abens führt. Hinter der Brücke gehen wir nur etwa fünf Meter nach links, überqueren die Straße und wandern auf der

gegenüber liegenden Kohlstattstraße weiter, die leicht bergauf verläuft. Immer geradeaus geht die Straße dann zunächst in den Rohregger Weg über und später in einen Feldweg.

»Ich muss sagen, ich bin maßlos enttäuscht von diesem Ausflug mit meinen Alten. Ich habe ja während unseres Aufenthalts im Schlossbräukeller mal gelauscht und habe festgestellt, dieser Hopfen ist ja gar kein Tier, das ist 'ne blöde Pflanze. Und was interessiert mich denn schon Grünzeug, ja ja, ich weiß, ihr braucht das für euer Bier, das hab ich eben auch schon mitbekommen.«

Wir folgen dem Feldweg immer weiter geradeaus durch Wiesen und Felder, bis wir an einen Waldrand gelangen. Hier biegen wir nach rechts ab und folgen diesem Weg immer entlang des Waldrandes. Später führt der Weg dann ein kurzes Stück durch den Wald, leicht bergab bis zur Verbindungsstraße von Au nach Rudertshausen. Kurz bevor wir diese erreichen, biegen wir an einem großen Baum links ab, auf ein schmales asphaltiertes Sträßchen, welches nach Rohregg führt. Wir wandern nun leicht bergan in einem ganz weiten Rechtsbogen diese Straße entlang. An einem Bauernhof geht unser Weg nach rechts weiter (geradeaus und links befinden sich Sackgassen), bis an die Verbindungsstraße Au/Rudertshausen. Auf dieser wandern wir jetzt mit großer Vorsicht nach links weiter, denn hier trifft man mit großer Wahrscheinlichkeit auf Autos. Nach nicht allzu langer Zeit erreichen wir auf der rechten Seite den kleinen Parkplatz, auf dem wir unser Auto abgestellt haben.

»Ich bin ehrlich gesagt immer noch ein bisschen verärgert wegen der Geschichte mit dem Hopfen, aber ansonsten war es ein schöner Ausflug. Naja, ein Gutes hatte es ja auch, ich habe ja zwischenzeitlich schon an meinen Spürhundqualitäten gezweifelt. Aber jetzt weiß ich ja, dass ich den Hopfen gar nicht finden konnte, außer in eurem Bier.«

Bierwanderung Nr. 2

Ein tierisches Vergnügen rund um Markt Schwaben!

Vom Weiler Boden über Feld und Wald zum Wildpark Poing und entlang der Bahnlinie zur Brauerei Schweiger nach Markt Schwaben.

Privatbrauerei Schweiger
Ebersberger Straße 25
85570 Markt Schwaben

Tel. 08121 9290
Fax 08121 92988

info@schweiger-bier.de
www.schweiger-bier.de

Zwischen Boden und Ried geht es los, durch Felder und Wald in Richtung Poing zum dortigen Wildpark. Nach einem möglichen Abstecher durch den Park verläuft der Weg entlang der Bahnlinie nach Markt Schwaben zur Brauerei Schweiger. Der kurze Rückweg führt wieder aus Markt Schwaben heraus über Wiesen zum Ausgangspunkt.

Die Anfahrt mit dem PKW

Von München aus nehmen wir die A94 Richtung Passau. Wir verlassen die Autobahn an der Anschlussstelle »Anzing« und biegen nach rechts ab in Richtung Erding und Markt Schwaben. Circa 400 Meter vor der Ortseinfahrt nach Markt Schwaben geht eine kleine Straße links ab Richtung Boden/Ried. Hier biegen wir ab und parken nach etwa 200 Metern am Feld- oder Waldrand.

Der Hinweg

»Oh Mann, ich bin schon ganz aufgeregt, heute wird's nämlich richtig wild! Viel mehr als das blöde Bier interessiert mich doch der Wildpark. Was es da wohl alles gibt? Außerdem hab ich schon so lange kein Wild mehr gehabt, immer nur dieses Hunde-Fast-Food aus der Dose. Aber auf dem Weg hab ich ja Zeit, mir Gedanken zu machen, was ich heut' gern hätte. Vielleicht Reh oder Wildschwein oder Rotwild, oder mal was außergewöhnliches wie Luchs oder Wolf, oder ...«

Wir sehen vom Auto aus bereits ein kleines, grünes Schild »Boden«. An diesem Schild beginnt unsere Wanderung und wir gehen von hier aus den asphaltierten Weg, geradeaus durch die Felder. Ein wenig Vorsicht ist geboten, denn es handelt sich um einen landwirtschaftlichen Nutzweg, der jedoch sehr wenig befahren wird. Nach circa 1,3 Kilometern erreichen wir die kleine Ortschaft Lindach, durch die sich unser Weg hindurch schlängelt. An der Straßengabelung, die vor uns liegt, wählen wir den rechten Weg (nicht Richtung Anzing!), nach nur weiteren zehn Metern folgt wieder eine Gabelung und auch hier entscheiden wir uns nach rechts weiter zu gehen. Markiert ist diese Möglichkeit als »Fahrradwanderweg«, dem wir Richtung Poing/ Pliening folgen.

Das Sträßchen, auf dem wir uns jetzt befinden, geht nach ungefähr zwanzig Metern in einen Schotterweg über und führt uns in etlichen Kurven durch die angrenzenden Felder.

»Jetzt sehe ich schon einen Wald vor mir. Vielleicht ist das ja schon der Fresspark, oh Entschuldigung, ich meinte der Wildpark! Ich habe extra nichts gefrühstückt heute, damit der ein oder andere Leckerbissen Platz findet in meinem Bäuchlein.«

Nach 800 Metern betreten wir ein kleines Waldstück, das wir durchqueren und nach einem knappen halben Kilometer wieder verlassen. Jetzt können wir bereits den klei-

Der Wanderweg

Hinweg: 9,3 km, ca. 140 Min
Rückweg: 1,5 km, ca. 30 Min
Gesamte Steigung: 64 Höhenmeter

nen Ort Poing vor uns erkennen. Wir wandern auf dem Schotterweg weiter geradeaus und erreichen den Ortseingang. Hier geht der Schotterweg in eine geteerte 30er-Zone über, die Lindacher Straße heißt. Dieser folgen wir, bis wir an eine T-Kreuzung gelangen, an der wir uns nach rechts wenden, in die Kampenwandstraße. Nur 300 Meter weiter geht die Schwabener Straße nach rechts ab, in die wir einbiegen um dann gleich

wieder der Beschilderung des Wildparks nach schräg rechts zu folgen. Dieser Weg führt uns nun über den Parkplatz direkt zum Eingang des Wildparks Poing.

»Ja ich glaub' es nicht, das darf doch wohl nicht wahr sein! Jetzt bin ich den ganzen langen Weg bis hier her gelaufen und hab' extra nicht gefrühstückt und dann darf ich gar nicht rein in den Wildpark. Dabei kann ich von hier aus schon das Rotwildfilet und den Wildschweinbraten riechen. Das ist ja seelische Grausamkeit, ich finde, dass verstößt eindeutig gegen die internationalen Hunderechte!«

Wenn Sie ohne vierbeinige Begleiter unterwegs sind, lohnt sich nun der Besuch des Wildparks Poing mit seinen Dam- und Muffelwildherden im Freilauf und seinen interessanten Luchs-, Wolf-, Rot- und Rehwildgehegen. Auch Füchse, Wildschweine, Marder und Sumpfbiber kann man hier auf dem Rundgang durch den Wildpark bewundern. Einen Höhepunkt jedes Parkbesuches bieten im Sommer sicherlich die täglichen Greifvogelschauen.

Geöffnet ist der Park ganzjährig, vom 1. April bis 1. November von 9.00 Uhr bis 17.00 Uhr und im Winter von 11.00 Uhr bis 16.00 Uhr. Die Greifvogelvorführungen finden nur von April bis Oktober jeweils vor- und nachmittags statt (detaillierte Angaben finden Sie unter www.wildpark-poing.de).

Da wir jedoch heute Paul dabei haben, entschließen wir uns den Wildpark, in dem Hunde strikt verboten sind, auszulassen. Stattdessen gehen wir am Eingang des Parks links vorbei und folgen dem Schotterweg. Wir laufen jetzt durch ein kleines Wäldchen, auf der rechten Seite befindet sich die Umzäunung des Wildparks, durch die wir in einiger Entfernung ab und zu ein paar Tiere sehen können. Nach wenigen Metern erreichen wir die Bahngleise, von nun an gehen wir entlang der Strecke (diese verläuft zu unserer linken Seite) weiter in Richtung Markt Schwaben. Mit dem Ende des Parks zu unserer rechten Seite verlassen wir auch das kleine Wäldchen und gehen nun durch Felder, weiterhin auf einem Schotterweg parallel zu den Gleisen. Nach einer Weile geht der Schotterweg dann in eine geteerte Straße über, die »Am Erlberg« heißt, und nach circa 20 Metern in den Ort Markt Schwa-

ben führt. Auf dieser Straße wandern wir geradeaus weiter, immer noch entlang der Gleise. Nach der zweiten kleinen Brücke biegen wir im 90°-Winkel rechts ab (diese Stelle

ist durch zwei rote Balken markiert) und gehen an einem Waldstreifen entlang, leicht bergab in Richtung eines Abenteuerspielplatzes. Haben wir diesen dann nach nur wenigen Metern erreicht, halten wir uns links und folgen der Hecke, welche den Spielplatz säumt. Am Ende der Hecke kommen wir an einen schmalen Bach, über den eine Holzbrücke führt. Wir überqueren diesen und wenden uns nach links, um dem Bachlauf weiter zu folgen.

»Jetzt geht's so langsam, aber sicher nach Markt Schwaben rein. Ich meine, ich bin ja ein echter Spürhund und ein alter Fährtenleser, aber wenn ihr keinen meiner zahlreichen vierbeinigen Freunde dabei habt, der schon die Witterung der Brauerei Schweiger aufgenommen hat, dann solltet ihr jetzt die Wegbeschreibung ganz genau lesen, damit ihr auch zu eurem geliebten Gerstensaft kommt!«

Der Weg, auf dem wir uns nun befinden, macht nach kurzer Strecke eine 90°-Rechtskurve und führt uns so in den Badhausweg. Nur ein paar Meter weiter überqueren wir die Straße »An der Bachleiten« und wandern geradeaus, leicht bergan weiter auf dem Badhausweg. Wiederum nur kurze Zeit später sehen wir Fußgängergitter vor uns, vor denen wir links in die Breslauer Straße abbiegen. Auf dieser gehen wir bergab und folgen ihr scharf nach rechts, bis wir an eine T-Kreuzung gelangen. An dieser gehen wir links und wenige Meter weiter wieder rechts, auf die Ödenburger Straße. Haben wir diese

erreicht, laufen wir in einer scharfen Linkskurve diese Straße weiter bis zu ihrem Ende. Hier halten wir uns nach rechts, auf die Herzog-Ludwig-Straße und vorbei an der Schwimmhalle Richtung Ortsmitte. Nach etwa 400 Metern geht es in einem sehr scharfen Rechtsknick über den Marktplatz und ab hier immer weiter geradeaus. Wir gehen jetzt ungefähr 800 Meter die Ebersberger Straße entlang, bis wir die Brauerei Schweiger mitsamt der Brauereigaststätte vor uns finden.

Öffnungszeiten	
Montag	Ruhetag
Dienstag	ab 11.00 Uhr
Mittwoch	ab 11.00 Uhr
Donnerstag	ab 11.00 Uhr
Freitag	ab 11.00 Uhr
Samstag	ab 17.00 Uhr
Sonn- und Feiertag	ab 10.00 Uhr

Die Brauereigaststätte

Das »Schweiger Brauhaus« befindet sich im ursprünglichen Brauereigebäude aus dem Jahre 1934. Auch damals gab es bereits eine eigene Gaststätte, die seinerzeit noch vom Brauereigründer Ludwig Schweiger und seiner Frau Maria geführt wurde. Mit der Zeit wuchsen aber sowohl die Brauerei als auch die Gastwirtschaft und so musste die Familie Schweiger diese verpachten. Im Jahre 2002 wurde die Gaststätte komplett renoviert und seit dem 1. Oktober des gleichen Jahres begrüßen die Wirtsleute Heidi Hanrieder und Adi Warta ihre Gäste im »Schweiger Brauhaus«. Neben frischen bayerischen Gerichten können die besonders gesundheitsbewussten Gäste auch auf eine Auswahl von Spezialitäten aus der modernen, leichten Küche zurück greifen.

Natürlich bekommt man sämtliche Schweiger Biere, ganz besonders zu erwähnen ist aber, dass es nur hier das naturtrübe Kellerbier der Brauerei gibt. Viel Wert wird auf das Ambiente und das Brauchtum gelegt; so lädt das Brauhaus in gemütlicher Atmosphäre nicht nur zum Essen, sondern auch einfach nur zum Biertrinken, Ratschen und Wohlfühlen ein. Neben dem eigentlichen Gastraum mit sei-

Die Brauerei

Die Brauerei Schweiger wurde im Jahre 1934 von Ludwig Schweiger gegründet. Soweit nichts Besonderes, mag der ein oder andere jetzt vielleicht denken – aber auch nur, wenn er die Geschichte dazu nicht kennt, die sich kein Märchenerzähler besser hätte ausdenken können. Ludwig Schweiger wurde 1896 als zweiter Sohn einer Müllersfamilie in

nen drei Nebenzimmern bietet in den Sommermonaten der Biergarten weiteren Platz für die Gäste. Unter Linden kann man hier sein Bier auf einem schattigen Plätzchen mit Blick auf das Sudhaus der Brauerei genießen.

der Hanselmühle in Markt Schwaben geboren. Und wie es damals üblich war, erbte der Erstgeborene allein die väterliche Mühle. Ludwig Schweiger aber gründete nicht nur einen Landhandel, er kaufte auch dem Wimmer-Bräu in Altenerding eine Sudpfanne ab und begann selbst Bier zu brauen. Lange bevor andere Brauereien auf die Idee kamen, lieferte er den

Die Biere

	Stammwürze	Alkohol
Helles Export	12,5 %	5,1 %
Altbayerisch Dunkel	12,8 %	5,1 %
Premium Pilsener	11,8 %	4,8 %
Light Premium	7,5 %	2,9 %
Blond Lager	12,3 %	4,9 %
Black Lager	12,3 %	4,9 %
Original Schmankerl Weisse	12,3 %	5,1 %
Original Schmankerl Weisse dunkel	12,3 %	5,1 %
Sport Weisse	7,2 %	2,9 %

Bauern, die Saatgut und Futtermittel bei ihm einkauften, auch gleich das Bier mit nach Hause. Der 1975 verstorbene Ludwig Schweiger und seine drei Söhne bauten die Brauerei Schritt für Schritt aus und gingen auch dabei oftmals eigene Wege. So gründeten sie 1963, zu einer Zeit, in der andere Brauereien ihre Mälzereien aufgaben, eine eigene Mälzerei, und dies mit Erfolg. Bis heute kommt das verwendete Malz ausschließlich aus dem eigenen Haus und auch das

Brauwasser wird aus dem eigenen Tiefbrunnen bezogen. Mittlerweile wird die Brauerei in dritter Generation von Ludwig, Erich und Siegfried Schweiger geführt, die auch weiterhin ihren eigenen Weg gehen wollen und dabei vor allem Wert auf die Qualität legen.

Der Rückweg
Die richtige Route für den Rückweg unserer heutigen Wanderung ist erstens sehr einfach zu finden und zweitens auch recht kurz. Sollten Sie also im Brauhaus etwas zu viel gegessen haben, keine Angst, Sie müssen die erarbeiteten Zusatzkilos nicht weit schleppen, bis Sie Ihr Auto erreichen.

»So ein Mist, jetzt sitzen meine Alten zuerst ewig hier in dieser Brauerei und dann ist auch noch der Rückweg kurz. Ist ja ein toller Tag, jetzt das und vorher schon die Geschichte mit dem Wild, auf das ich mich so gefreut hatte. Man hat es schon echt nicht einfach als Hund! Die können bloß froh sein, dass ich so ein nettes Herrchen bin und meinen Alten auch mal ihren Spaß gönne. Ich könnte ja auch sagen, wir gehen nur spazieren und schauen keine Brauereien an. Tja, so bin ich halt!«

Wir verlassen das Brauereigelände, wenden uns nach rechts und gehen entlang der Ebersberger Straße. Wir passieren eine Tankstelle und marschieren auf dem Fuß- und Radweg aus Markt Schwaben hinaus. Der asphaltierte Weg schlängelt sich nach dem Ortsausgang zunächst leicht bergauf und dann wieder bergab. Nach circa 1,3 Kilometern biegen wir rechts ab und folgen der Beschilderung Richtung Ried/Boden. Von hier aus geht es nur noch ungefähr 200 Meter geradeaus, bis wir unser Auto und damit den Ausgangspunkt der Wanderung erreichen.

»Also, eins sag' ich euch, in Markt Schwaben hab' ich mir zum ersten Mal im Leben gewünscht' ein Mensch zu sein. Nein, nicht wegen des Bieres! Aber als Mensch hätte ich in den Wildpark gedurft, und das wäre mein heutiges Highlight geworden!«

Bierwanderung Nr. 3

Eine ökologische »Schweinerei«!

Über Hügellandschaften rund um Glonn zu den ökologischen Herrmannsdorfer Landwerkstätten.

Herrmannsdorfer Landwerkstätten
Glonn GmbH & Co. KG
Herrmannsdorf 7
85625 Glonn

Tel. 08093 90940
Fax 08093 909410

glonn@herrmannsdorfer.de
www.herrmannsdorfer.de

Vom Gut Sonnenhausen geht es durch Wälder und Wiesen auf stets hügeligem Gelände vorbei am Steinsee und über Oberseeon und Adling zu den Herrmannsdorfer Werkstätten und ihrem Wirtshaus »Zum Schweinsbräu«, den ökologischen Betrieben inklusive einer sehenswerten Schweineaufzucht und einer kleinen Brauerei.

Die Anfahrt mit dem PKW

Wir fahren von München auf den Autobahnring München Ost, verlassen die Autobahn an der Anschlussstelle »Hohenbrunn« und fahren dann Richtung Putzbrunn und später weiter nach Glonn. In Glonn biegen wir links ab, auf die Zinneberger Straße Richtung Grafing. Schon wenig später geht es hinter dem Kloster Zinneberg nochmals links ab nach Sonnenhausen. Wir fahren bis zum Parkplatz des Gutes Sonnenhausen am Ende dieser Straße.

Der Hinweg

»Heute wird's wieder mal tierisch! Wir werden schöne Reitpferde, Kühe mit unglaublichen Frisuren, thüringische Rasseziegen und hunderte von gefleckten Schweinen aller Größen sehen. Und das schnauzennah! Besonders die Schweine konnten sich meines lieblichen Charmes nicht entziehen und streckten mir neugierig ihre Rüsselchen entgegen. Wenn die wüssten, was mein eigentliches Sinnen und Trachten war!«

Direkt neben dem Parkplatz bietet sich uns die Gelegenheit, das sehr attraktive Hofgut, das heute als Seminar- und Veranstaltungszentrum dient, von außen zu begutachten. Dies aber bitte nur auf den Wegen, die um das Gut herum führen. Wer aufgrund geplanter Familienfeiern, Firmenveranstaltungen oder Seminare einen Einblick ins Innere wünscht, der melde sich bitte unter 08093 5777-0 zu einer Hausführung an. Das historische Gut wurde bereits 1900 von Baron Büssing als herrschaftlicher Landsitz mit eigenem Gestüt errichtet. Später diente es den Novizinnen des Ordens vom guten Hirten im nahen Zinneberg als Ausbildungsstätte und zur landwirtschaftlichen Nutzung, ehe es Mitte der 1980er Jahre in den Besitz der Familie Schweisfurth überging und für seine heutigen Zwecke komplett umgebaut und renoviert wurde.

Nun beginnen wir den Hinweg unserer heutigen Wanderung, der mit knapp 10 Kilometern zwar nicht allzu lang, aber durch das ständige Auf und Ab in dieser Hügellandschaft doch ein wenig anspruchsvoll ist. Entlang der Straße, auf der wir mit dem Auto gekommen sind, gehen wir vom Parkplatz aus wieder einige Meter zurück und biegen dann gleich links ab in Richtung des Reiterhofes rechts neben dem Gutsgebäude. Direkt vor dem Hof biegen wir scharf nach rechts ab auf einen Feld-

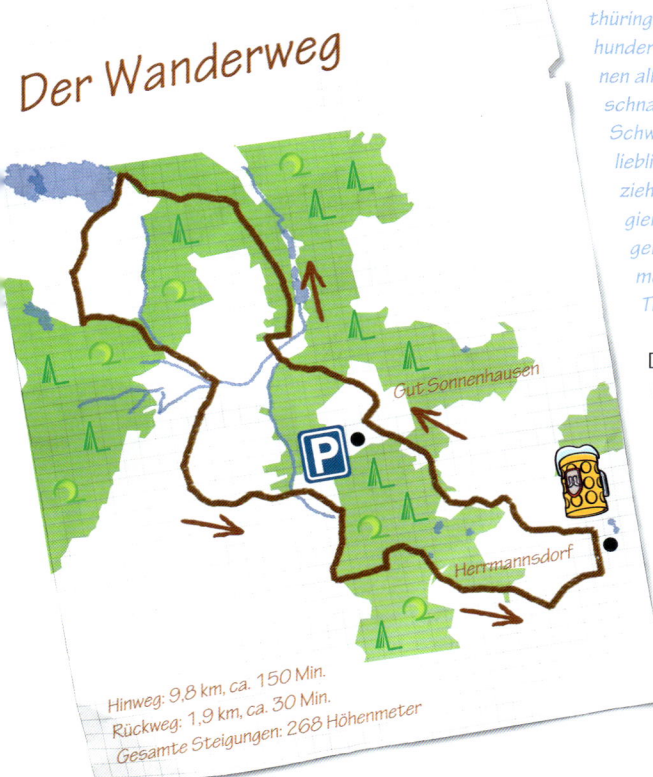

Der Wanderweg

Hinweg: 9,8 km, ca. 150 Min.
Rückweg: 1,9 km, ca. 30 Min.
Gesamte Steigungen: 268 Höhenmeter

weg. Vorbei an Hecken und durch Pferdeweiden geht es nach einer langen Linkskurve stetig leicht bergab in einen abwechslungsreichen Mischwald. An einem Wegkreuz wandern wir weiter geradeaus bis zu einer kleinen Straße, die wir in Richtung Doblberg/Adling überqueren. Schon wenige Meter danach biegen wir nach rechts ab auf einen Feldweg, überqueren den kleinen Moosacher Bach und gehen auf einen Wald zu. An dessen Rand angekommen, geht es nach rechts und nun eine Weile in einem Buchen-Fichten-Mischwald stetig leicht bergan.

Auf der rechten Seite sehen wir unten ausnahmsweise einmal recht eben durch den Wald führt. Immer weiter geht es geradeaus und zweimal lassen wir von links kommende Wege auch eben da liegen. Nun geht es schon wieder leicht ansteigend durch das Moosacher Holz, bis wir auf einen quer verlaufenden Schotterweg stoßen. Hier gehen wir nach links und bereits nach wenigen Metern an einer Wegegabelung wieder rechts ab und weiter durch den Wald. Am nächsten Wegedreieck, wir sehen von hier aus schon den Steinsee, biegen wir scharf nach links ab. Auf der rechten Seite sehen wir nun weiterhin das Seeufer und links einige Wiesen und Felder. Wenig später passieren wir eine zum Baden geeignete Stelle am Ufer des Steinsees. Wir wandern auch

erreichen wir den Weiler Oberseeon und unser Weg geht in eine kleine geteerte Straße über. Wir folgen kurz dieser Straße, aber schon dort, wo sie am Ortsausgang eine Rechtskurve macht, gehen wir weiter geradeaus, auf einem steinigen Wiesenweg wieder einmal bergab Richtung Wald. Unten am Waldrand und an einem Wegkreuz nehmen wir den Weg nach links und gehen weiter durch einen Mischwald talwärts. Immer weiter geht es auf diesem breiten Schotterweg bergab, später an einem Wegedreieck wählen wir den rechten Weg und gehen nun zwischen Kuhweiden immer am Moosacher Bach entlang.

»Hier auf den Weiden habe ich übrigens das lustigste Rindvieh meines Lebens gesehen und den klaren Beweis, dass es hier Kuhfriseure geben muss. Schaut euch das Bild an und sagt mir, ob es so etwas in freier Wildbahn geben kann! Eine komplett graue Kuh mit braunblonder Frisur!!! Ich musste mich kugeln!«

im Bachtal mehrere kleine Fischteiche und wählen später an einer Wegegabelung den rechten Weg, der uns nun am nächsten Wegedreieck weiter geradeaus und es geht nun durch weite Wiesen wieder leicht bergauf. Bald

An einer kleinen Kreuzung gehen wir nach rechts auf der winzigen Straße Richtung Adling und Glonn und mal wieder einen Hügel hinauf. Bald schon sehen wir das hübsche Dorf Adling vor uns und im Hintergrund, gute Sicht vorausgesetzt, ein beeindruckendes Alpenpanorama.

Wir laufen in den Ort hinein und gehen dann am Schild zu den Häusern Adling 21 – 31a links ab, auf einem Wirtschaftsweg bergab ins Bachtal. Unten geht es an einem Wegedreieck nach rechts und schon bald überque-

ren wir den Bahndamm der früheren Strecke Moosach-Glonn, heute ein Wanderpfad ohne Gleise. Wir wandern bis zu einer Straße, überqueren diese vorsichtig und folgen kurz dem Schotterweg auf der anderen Seite. Wenig später wählen wir an einem Wegedreieck den rechten Weg und gehen danach sofort wieder rechts ab auf einen schmalen Waldweg. Durch lichten Mischwald geht es nun mal wieder recht lange stetig bergauf, bis wir an einer kleinen Straße ankommen und dieser kurz nach links folgen. Auf der rechten Seite sehen wir die Gebäude des früheren Schlosses Zinneberg und späteren Klosters der Schwestern vom guten Hirten, die hier seit vielen Jahrzehnten ein Ausbildungs- und Erziehungsheim für Jugendliche betreiben.

Wir gehen weiter geradeaus, passieren das Eingangstor des Klosters und überqueren dann die Straße von Glonn nach Grafing. Auf der anderen Seite geht es immer weiter geradeaus auf der schmalen Allee bis hin zu einem Gehöft, auf der rechten Seite, und der Ausflugsgaststätte »Schießstätte« mit ihrem schönen Biergarten, links. Auch von hier lassen sich bei guter Sicht wieder die nördlichen Alpenketten bewundern.

Später erreichen wir ein Wegedreieck und biegen nach links ab auf einen kleinen Schotterweg. Wir sehen jetzt bereits das Gut der Herrmannsdorfer Landwerkstätten vor uns liegen. Vorbei geht es noch an der Gärtnerei des Gutes und dann, an einer Straße angekommen, noch wenige Meter an der rechten Seite auf einem Trampelpfad zum Gutshof Herrmannsdorf.

Die jüngere Geschichte der Herrmannsdorfer Landwerkstätten begann im Jahr 1984, als sich der damals europaweit größte Wurstfabrikant Karl Ludwig Schweisfurth dazu entschloss, sein Imperium, mit jährlichen Umsätzen von nahezu einer Milliarde Euro, an einen weltweit agierenden Lebensmittelkonzern zu veräußern und sich voll und ganz der

ökologischen Landwirtschaft und der Verarbeitung ihrer Produkte zu widmen. Nach dem Kauf des Gutshofes Herrmannsdorf begann Schweisfurth sofort mit der Umstrukturierung der Landwirtschaft und eröffnete eine ganze Reihe verarbeitender Betriebe in den Landwerkstätten.

Heute zählen zur gesamten Anlage neben dem »Wirtshaus zum Herrmannsdorfer Schweinsbräu« in der neu erbauten Scheune eine Metzgerei und Räucherei mit 22 Metzgern, eine Bäckerei mit acht Bäckern, eine Käserei, eine Gärtnerei, eine winzige Brauerei und der Hofmarkt, in dem die selbst und von 80 kooperierenden Bauern in der Umgebung ökologisch produzierten Lebensmittel verkauft werden. An sonnigen Sommerwochenenden hat der Gast auch die Möglichkeit sein Bier im schattigen Innenhof des Gutes, dem »Saugarten«, zu trinken. Samstags können Gäste ab 13.30 Uhr, Treffpunkt ist der Maibaum im Innenhof, an einer äußerst interessanten, etwa eineinhalbstündigen (kostenfreien!) Führung durch sämtliche Betriebe der Landwerkstätten und vor allem durch das »Schweinedorf« teilnehmen, so bezeichnet man die Aufzuchtstätte der aus Schwäbisch Hällischen und belgischen Pietrains gekreuzten Schweine

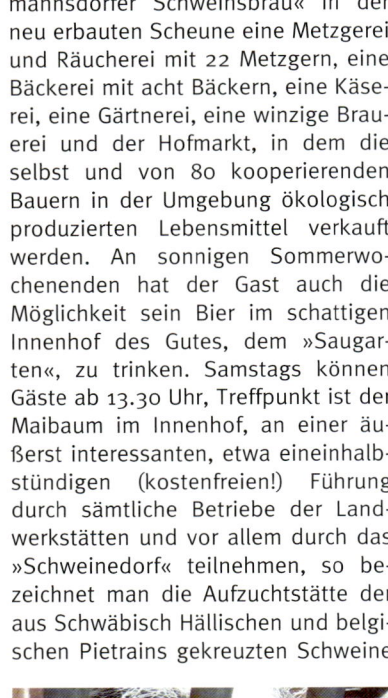

von Herrmannsdorf. Mehrmals im Jahr finden auch spezielle Wochenendveranstaltungen statt, bei denen Landwirte und Gartenbaubetriebe, aber auch Künstler ihre Produkte und Werke im Hof des Gutes zum Verkauf anbieten.

Die Brauereigaststätte

Das Wirtshaus zum Herrmannsdorfer Schweinsbräu ist alles andere als eine »normale« Brauereigaststätte und es steht hier sicherlich nicht allein der Genuss der ökologischen Schweinsbräu-Biere im Vordergrund. Das wunderschöne, offene Restaurant in der neu erbauten Scheune wimmelt nur so von »Schweinereien«. Der Besucher trifft die Tiere auf Bildern, als Metallplastiken auf Holzbalken tanzend oder als eine Rotte hölzerner Schweine – und natürlich auf Wunsch auch auf dem eigenen Teller. Dies ist das Reich von Spitzenkoch Thomas Thielemann, der mitsamt seiner

Mannschaft, aus der offenen, für jedermann einsehbaren Küche, seine Gäste verwöhnt. In seiner Art zu kochen konzentriert er sich nicht allein auf die Nutzung der vielen schmack-

Öffnungszeiten

Montag	Ruhetag
Dienstag	Ruhetag
Mittwoch	12.00-14.00 Uhr 18.00-01.00 Uhr
Donnerstag	12.00-14.00 Uhr 18.00-01.00 Uhr
Freitag	12.00-14.00 Uhr 18.00-01.00 Uhr
Samstag	12.00-14.00 Uhr 18.00-01.00 Uhr
Sonntag	12.00-17.00 Uhr 18.00-01.00 Uhr

An allen Feiertagen außer Karfreitag geöffnet. Ferien: 27.12. bis einschließlich erste Januarwoche.

Der Biergarten (Saugarten genannt) ist von April bis Oktober bei gutem Wetter samstags, sonntags und feiertags ab 11.00 Uhr geöffnet.

haften, ökologisch erzeugten Produkte des Hofes und der Bauern der Region. Thielemann möchte in seinen hervorragenden, aber doch auch wieder sehr einfachen Kreationen den Charakter jeder einzelnen Zutat zur Geltung bringen und nicht mit undefinierbaren Gewürzkombinationen oder Soßen übertünchen. Er und sein Team zelebrieren den Luxus der einfachen Küche mit hochwertigen Zutaten und abwechslungsreichen Angeboten im Wandel der Jahreszeiten. Schon die Speisekarte lässt dem Gourmet das Wasser im

Munde zusammenlaufen: Von einer knusprigen Filoteigrolle mit warmer Ziegenfrischkäsefüllung, Herrmannsdorfer Rucola und Preiselbeeren geht es über das Kotelett von den eigenen, glücklichen Schweinen, mit Kräutern gebraten und mit glasiertem Chicorée, Kartoffelrösti und Portweinjus serviert, bis hin zum Griesflammerie mit gedünstetem Rhabarberkompott, Mandelhippe und selbstgemachtem Eis. An Wochenenden kann der Bierwanderer bei gutem Wetter auch im Biergarten einfacheren, aber ebenfalls schmackhaften, kleinen Gerichten huldigen. Es werden unter anderem vier Herrmannsdorfer Würstl vom Grill mit Kraut, eine Portion Leberkas mit Kartoffelsalat oder Brotzeiten mit Bio-Bergkäse, Herrmannsdorfer Bärlauch-Rahmkäse, ein Korb mit frischen Herrmannsdorfer Broten und frische Radieserl aus der eigenen Gärtnerei angeboten.

Die Brauerei

In der winzigen Brauerei der Herrmannsdorfer Landwerkstätten werden vom jungen Braumeister Christian Lange im Jahr rund 900 Hektoliter helles Fassbier für das Wirtshaus und den Biergarten gebraut. Der naturreine Hopfen und das Malz aus

Die Biere

	Stammwürze	Alkohol
Fassbier Hell	11,6 %	4,8 %
Schweinsbräu Gold	11,0 %	4,8 %
Schweinsbräu Dunkel	12,0 %	5,0 %
Schweinsbräu Weißbier	12,0 %	5,2 %

Saisonal gibt es auch noch einen Maibock, ein Erntedankbier und ein Weihnachtsbier.

Bio-Gerste werden von Europas größter Bio-Brauerei, dem Lammsbräu in Neumarkt in der Oberpfalz, bezogen. Gerne wird Besuchern der kleine Betrieb auch im Rahmen der samstäglichen Hofführungen gezeigt. Die übrigen Schweinsbräu-Flaschenbiere, wie das Dunkle und das Weizen, werden vom Riedenburger Bio-Brauhaus aus dem Altmühltal geliefert. Selbstverständlich ziert jede Flasche ein Etikett mit der Abbildung eines Schweines, ganz gemäß dem Credo des Hauses: Der Sau werden die Perlen nicht, wie sprichwörtlich gewohnt, vor die Füße geworfen, sondern an einer Kette lässig um den Hals gehängt.

Der Rückweg

Wir verlassen das Gut durch das hintere Tor, links vom Eingang zum Schweinsbräu. Direkt danach überqueren wir die links liegende Straße und wandern dann auf dem Sträßchen weiter, das mit dem Hinweis »Bienengarten« ausgeschildert ist. Vorbei geht es an einem großen Besucherparkplatz und wir folgen der kleinen Straße immer weiter. Ein Blick nach links bietet uns bei guter Sicht wieder ein großartiges Alpenpanorama. An einer Querstraße im kleinen Ort Westerndorf angekommen, biegen wir links ab und gehen circa 200 Meter weiter in einer Rechtskurve bis zur Hauptstraße. Vorsichtig folgen wir dieser 30 Meter nach links und biegen dann hinter der Bushaltestelle sofort wieder rechts, nach Sonnenhausen, ab. Dieser kleinen Straße, die wir bereits von der Anfahrt kennen, folgen wir nun einen guten Kilometer bis zum Hofgut Sonnenhausen und damit dem Ausgangspunkt unserer heutigen Wanderung.

»Geschafft! Das war heute ein herrlicher Weg, viel Auslauf und 'ne Menge Tiere, die ich überwiegend zum Fressen gerne habe. Allerdings war meine Ausbeute mal wieder mehr als mager. Ein Zipfelchen von den Öko-Mettenden aus Herrmannsdorf haben sie für mich übrig gehabt und das natürlich nicht ohne die Bemerkung, dass diese eigentlich für mich viel zu teuer seien! Als ob nicht auch ein kleiner Hund mit ökologisch produzierter Nahrung ein wenig glücklicher würde! Ein Tipp an Herrn Schweisfurth: Könntest du nicht auch leckere kleine Katzen, Mäuschen und Igel ökologisch aufziehen? Die vereinte Hundewelt läge dir zu Füßen!«

Bierwanderung Nr. 4

Auf der Spur des Räubers Kneißl rund um Maisach!

Durchs Fußbergmoos an Überacker vorbei nach Maisach zur Brauerei und anschließend zurück an den Rand des Naturschutzgebiets.

Brauerei Maisach
Hauptstraße 24
82216 Maisach

Tel. 08141 395570
Fax 08141 3955713

info@brauerei-maisach.de
www.brauerei-maisach.de

Vom Rand des Fußbergmoos' führt der Weg durch das idyllische Naturschutzgebiet in Richtung des Örtchens Überacker. Am Ortsrand angekommen biegt der Weg Richtung Maisach ab. Auf diesem Weg erreicht man schnell die Brauerei mitsamt Brauereigaststätte und ihrem Räubermuseum. Zurück geht es vorbei an Feldern und Wiesen zur Moosalm am Fußbergmoos.

Die Anfahrt mit dem PKW
Von München aus nehmen wir die A8 Richtung Stuttgart/Augsburg/Dachau. An der Anschlussstelle 78 »Dachau/Fürstenfeldbruck« verlassen wir die Autobahn und fahren rechts ab, auf die B471 Richtung Maisach/Lindau. Nach circa fünf Kilometern biegen wir wiederum rechts ab, nach Gernlinden/Maisach, auf die Staatsstraße 2345, passieren Gernlinden, überqueren die Bahnlinie und fahren rechts ab, in die Ganghoferstraße. Dieser Straße folgen wir durch den Ort Gernlinden und biegen nach Verlassen des Ortes links ab, in die Neusiedlerstraße. Kurz nachdem

die Straße einen 90°-Knick nach rechts macht, lenken wir unser Auto nach links, in die Moosalmstraße und parken in der Nähe der Gaststätte »Moosalm«.

Der Hinweg
»Heute starten wir in einem Naturschutzgebiet! Das find' ich eine super Idee, ich steh' nämlich total auf Naturschutz. Das Gute daran ist, dass ich ja praktisch auch so was wie »Natur« bin und deshalb steh' ich hier sozusagen auch unter Schutz. Nicht, dass ich das nötig hätte, so gefährlich und durchtrainiert wie ich bin, aber man kann ja nie so genau wissen. Ich hab' schließlich was von einem überaus gefährlichen Räuber gehört, den es hier in der Gegend geben soll.«

Von dem kleinen Parkplatz bei der Gaststätte »Moosalm« aus folgen wir der Moosalmstraße, einem asphaltierten kleinen Sträßchen, das direkt in das Naturschutzgebiet Fußbergmoos führt. Wir lassen ein paar Häuser auf der rechten Seite liegen und kommen an den Ortsausgang von Fußbergmoos. Hier beginnt das Naturschutzgebiet und die geteerte Straße geht in einen Schotterweg über. Diesen gehen wir weiter geradeaus in Richtung Überacker. Nach 500 Metern erreichen wir zwei umzäunte Wiesen, die auf der rechten Seite des Weges liegen und Heimat für eine Herde Auerochsen sind.

Diese Ochsen besiedelten einst große Teile Europas, wurden jedoch bereits im Mittelalter ausgerottet. Die heutigen »Moosochsen« entstammen einer langwierigen Rückzüchtung, geleitet durch die beiden Zoodirektoren Heck, daher auch der Name »Heckrind«. Die urig aussehenden Rinder sind äußerst robust gegen Kälte und Schnee, können deshalb das ganze Jahr über im Freien gehalten werden und tragen dazu bei, die Verbuschung im Fußbergmoos aufzuhalten, damit Bekassine & Co. uns und unseren Kindern erhalten bleiben. Dank umfangreicher Rekultivierungsmaß-

Der Wanderweg

Moosalm

Maisach

Hinweg: 6,2 km, ca. 115 Min
Rückweg: 4,1 km, ca. 60 Min
Gesamte Steigung: 14 Höhenmeter

nahmen hat sich das Moor wieder zu einem ökologisch bedeutsamen Zufluchtsgebiet für die zwischenzeitlich bedrohte Fauna und Flora entwickelt. Vor allem ist es heute wieder die Heimat einer Vielzahl bedrohter

gefaselt von schwieriger Rückzüchtung und dass es die Viecher hier früher überall gegeben hat. Stellt euch das mal vor, muss ja wie im Paradies gewesen sein, überall leckeres Rindfleisch und dann auch noch so hübsch zottelig verpackt.«

nach der Hütte schlängelt sich der Weg in einer Rechts-Links-Kombination durch Sträucher und Bäume. Wir passieren einen kleinen Fischteich, welcher auf der rechten Seite im Wald liegt, dann gehen wir am Waldrand entlang, bis wir auf einen geteerten Weg stoßen. Auf diesem wandern wir nach links weiter über ausgedehnte Wiesenflächen, die einen wunderschönen Ausblick bieten. Auf der rechten Seite ist in der Ferne bereits das Örtchen Überacker mit seiner Kirche zu erkennen.

»Hier gibt's nicht nur diese Moosochsen, sondern auch noch jede Menge Vögel. Aber nicht nur das Rindfleisch verbieten mir meine Alten, auch Geflügel krieg' ich keins. Also so langsam geht mir das mit dem Naturschutz ein bisschen zu weit! Hieß das nicht »fressen und gefressen werden«? Und dann lässt mich keiner!«

Schmetterlinge, Falter und Libellen, wie z. B. dem Schiller- und Perlmuttfalter, dem Wiesenvögelchen oder dem Schwalbenschwanz. Es ist eines der letzten erhaltenen Überreste des Dachauer Mooses, das sich einst über das gesamte Gebiet zwischen Dachau und Maisach erstreckte.

»Oh Jack-Russel-Terrier-Gott, die Ochsen sehen schon echt lecker aus! Aber meine Alten haben mir deutlich zu verstehen gegeben, ich müsse auf mein Hundefutter warten und dann haben sie irgendwas

Am Ende der zweiten Wiese gelangen wir an eine Kreuzung, wir biegen dort nach links ab und wandern auch hier auf einem recht breiten Schotterweg. Schon kurze Zeit später erreichen wir abermals eine kleine Kreuzung zweier Schotterwege, dieses Mal folgen wir dem rechten Weg, der uns vorbei an Wiesen, einem Mischwald und einem Hochsitz immer geradeaus führt. Erst an der Stelle, an der dieser Schotterweg in einem 90°-Winkel nach links abknickt, gehen wir weiter geradeaus auf eine kleine Holzhütte zu. Kurz

Dem asphaltierten Weg folgen wir bis zu einer Wegegabelung bei einem Bauernhof. Hier gehen wir geradeaus und biegen dann 20 Meter weiter in einer Rechtskurve schräg

nach links ab auf einen kleinen Schotterweg. Entlang einer Baumreihe führt uns der Weg wieder zu einer Teerstraße. Haben wir diese erreicht, folgen wir ihr nur ein kurzes Stück nach rechts, denn schon nach ungefähr 150 Metern kommen wir an die Verbindungstraße zwischen Überacker und Maisach. Entlang dieser Straße wandern wir etwa 1,5 Kilometer auf einem Fuß- und Radweg nach links in Richtung Maisach. Im Ort angekommen, bewegen wir uns beim Kreisverkehr geradeaus, Richtung Ortsmitte, bis wir eine Querstraße erreichen. Schräg gegenüber auf der rechten Seite befindet sich die Brauerei Maisach mitsamt der Gaststätte.

Öffnungszeiten

Montag	09.00-24.00 Uhr
Dienstag	09.00-24.00 Uhr
Mittwoch	09.00-24.00 Uhr
Donnerstag	09.00-24.00 Uhr
Freitag	09.00-24.00 Uhr
Samstag	09.00-24.00 Uhr
Sonn- und Feiertag	09.00-24.00 Uhr

Die Brauereigaststätte

Das Bräustüberl bietet eine gemütliche Atmosphäre, in der Wirt Harry Faul seine Gäste stets selber bekocht. Es gibt typische bayerische Küche, von »aufgeschmoizner Brotsupp'n« mit Knoblauch und Röstzwiebeln über »Kneißl's Hias sei Henkersmahlzeit«, Schweinebraten mit Knödeln oder Tellerfleisch mit Röstkartoffeln und Gemüse und hausgemachten Spätzle bis hin zur Milzbrieswurst.

Für nur 6,80 Euro gibt es zudem ein täglich wechselndes Mittagsmenü und ganzjährig werden köstliche Saisongerichte mit Spargel, Pilzen, Wild etc. je nach Jahreszeit mit frischen Zutaten aus der Region angeboten. Die warme Küche ist täglich von 11.30 Uhr bis 22.00 Uhr geöffnet (an Sonn- und Feiertagen nur bis 21.00 Uhr).
Während der gesamten Öffnungszeiten werden in der Gaststätte, in der Schwemme, der Jägerstube, im Saal und auf der Terrasse zusätzlich eine

Vielzahl schmackhafter Brotzeiten angeboten. Den gut gefüllten Brotkorb erhält der Wanderer als kostenfreie Zugabe, das Preis-Leistungsverhältnis ist dabei vollkommen in Ordnung und die Größe der Portionen etwas für Wanderer mit viel Hunger.

Besonders schön ist bei gutem Wetter auch die Terrasse des Bräustüberls, die von alten, aus Holz gearbeiteten Bierkästen eingerahmt ist. Hier hat man die Möglichkeit sein Bier mitten im Hof der Brauerei zu trinken.

Ebenfalls sehenswert ist der große Räuber-Kneißl-Biergarten, der sich hinter dem Brauereigebäude befindet (geöffnet Mo. bis Fr. ab 16.00 Uhr, Sa./So. und feiertags ab 11.00 Uhr). Unter schattigen Kastanienbäumen findet der Besucher eine ländliche Idylle und stets wechselnde Biergartenschmankerl. Auch den kleinen Gästen wird dank des integrierten Spielplatzes sicher nicht langweilig.

Die Brauerei

Die Brauerei kann auf eine über 450 Jahre lange Geschichte zurückblicken, und Kontinuität wird auch anderweitig groß geschrieben. So ist die Brauerei mittlerweile in vierter Generation im Besitz der Familie Sedlmayr. Der Kauf der Brauerei im Jahre 1906 durch Josef Sedlmayr war allerdings eher kurz entschlossen als von langer Hand geplant. Er hörte auf einer Zugfahrt vom anstehenden Verkauf der Brauerei, zog die Notbremse und kam den anderen Interessenten einfach zuvor.

Es gibt in der Brauerei Maisach auch heute noch Dinge, die so geblieben sind, wie sie damals waren. So wird

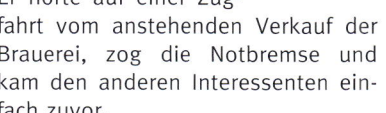

das Maisacher Bier nicht kurzzeiterhitzt, das heißt, es bleibt nur maximal fünf Monate haltbar. Auf der anderen Seite behält das Bier so aber auch Vitamine, die ansonsten durch den Prozess des Erhitzens verloren gehen und es erhält einen besseren Geschmack.

Ebenfalls eine Erinnerung an alte Zeiten bieten die 15- bzw. 30-Liter-Holzfässer, in denen man das Bier in Maisach ebenfalls bekommen kann. Wer möchte, kann übrigens auch eine Brauereibesichtigung miterleben und das sehenswerte Räuber-Kneißl-Museum besuchen, allerdings ist es notwendig, sich dafür telefonisch unter der Nummer 08141 39 55 70 anzumelden.

Und damit kommen wir jetzt zum »dunklen Kapitel« der Brauerei Maisach, denn hier brauen sie ein sogenanntes »illegales Dunkles«. Hergestellt wird das Räuber Kneißl Dunkel zu Ehren von Mathias Kneißl, dem zwischen Dachau und Maisach bekannten »bayerischen Robin Hood«. Nach dem großen Kinoerfolg des »Räuber Kneißl« von Marcus Rosenmüller 2008 hat sich der Räuber jetzt auch überregional einen Namen gemacht. Aber nur hier in Maisach kann man das richtige Räubergefühl bekommen, mit dem passenden Bier dazu, welches genau nach damaliger Rezeptur gebraut wird. Aber wer war dieser Mathias Kneißl? Er konnte nach einer abgesessenen Zuchthausstrafe nicht mehr als Schreiner arbeiten und war so dazu gezwungen, seinen Lebensunterhalt mit Wilderei und Räu-

berei zu verdienen. Durch den großen Rückhalt, den er in der Bevölkerung genoss, konnte er der Obrigkeit jahrelang entkommen und sie an der Nase herumführen. Letztendlich setzte man ein hohes Lösegeld auf ihn aus, was zur Folge hatte, dass er verraten, gefangen genommen und am 21. Februar 1902 mit der Guillotine in Augsburg hingerichtet wurde. Seine letzten Worte sollen gewesen sein: »D' Woch' fangt scho guat o …«.

Die Biere

	Stammwürze	Alkohol
Räuber Kneißl Dunkel	12,3 %	5,0 %
Maisacher Perle Export	12,2 %	5,3 %
Maisacher Sedlmayr Weizen	12,2 %	5,5 %
Maisacher Leicht	7,6 %	2,9 %
BEER & Guitar PILS	11,5 %	4,9 %

Der Rückweg

Damit die nächste Woche nach dem Ausflug nach Maisach tatsächlich gut anfängt, verzichten wir jetzt lieber auf weitere Biere zu Ehren des Räubers und machen uns auf den Rückweg.

»Das ist jetzt mal 'ne wirklich gute Idee, schließlich sind wir jetzt so lang hier gewesen und ich kann mit euerm komischen Räuber nicht wirklich viel anfangen. Ich hätte mich viel lieber etwas länger bei den flau-

schigen Ochsen aufgehalten, die so lecker ausgesehen haben. Da könnte ich glatt auch noch zum Wilderer werden.«

Der Rückweg ist recht einfach. Schräg gegenüber der Brauerei verläuft die Straße Richtung Fürstenfeldbruck/Aufkirchen, auf der wir vorhin bereits Maisach erreicht haben. Entlang dieser gehen wir bis zu einem Kreisverkehr. Den Kreisverkehr passieren wir einfach und wandern geradeaus weiter auf das kleine Örtchen Überacker zu, das wir schon auf dem Hinweg gesehen haben. Auf dem Sträßchen entdecken wir, einige Meter nach dem Kreisverkehr, eine bepflanzte Verkehrsinsel. In den zweiten Wirtschaftsweg nach dieser Verkehrsinsel biegen wir nach rechts ein. Ein Schotterweg führt uns jetzt durch die Felder immer geradeaus wieder in Richtung des Ausgangspunktes unserer Wanderung. Nach einer ganzen Weile erreichen wir eine kleine Querstraße, dieser folgen wir nach links und können von dort auch schon den Parkplatz bei der Gaststätte »Moosalm« sehen.

»Von all den Räubern, Ochsen, Libellen, Störchen und anderen Getier ist mir noch ganz schwindelig. Jetzt erst mal wieder ausruhen auf dem Sofa meiner Alten (obwohl ich da eigentlich gar nicht drauf darf!).«

Bierwanderung Nr. 5

Durch den Englischen Garten zum Bier- & Oktoberfestmuseum!

Eine »Stadtwanderung« mit Englischem Garten, Hofgarten, Residenz, Theatinerkirche, Marienplatz, Viktualienmarkt und dem Biermuseum.

Bier- & Oktoberfestmuseum
Sterneckerstraße 2
80331 München

Tel. 089 24231607
Fax 089 24231608

info@bier-und-oktoberfestmuseum.de
www.bier-und-oktoberfestmuseum.de

Vom Zentrum Münchens geht es entlang des Hofgartens erst einmal in einer großen Schleife durch den Englischen Garten, vorbei am Monopteros und am Chinesischen Turm und rund um den Kleinhesseloher See. Weiter wandern wir über den Odeonsplatz, vorbei an der Theatinerkirche und Feldherrenhalle zum Marienplatz und über den Viktualienmarkt schließlich zum Bier- & Oktoberfestmuseum.

Die Anfahrt mit dem PKW

Für Münchner Innenstädter gibt es heute keine Anfahrt. Wir beginnen die Stadtwanderung direkt im Zentrum auf dem Max-Joseph-Platz. Wer anreisen muss, fährt Richtung Zentrum, dann am Maximilianeum über die Isar und auf der Maximilianstraße bis zum Ende und dem großen Parkhaus am Nationaltheater Max-Joseph-Platz. Wer öffentliche Verkehrsmittel benutzen möchte, fährt mit der U-Bahn oder dem Bus bis zum Odeonsplatz und geht dann nur wenige Meter, vorbei an der Theatinerkirche und der Residenz auf

der Residenzstraße, zum Max-Joseph-Platz oder fährt mit der Tram, Linie 19, direkt hier hin.

Der Hinweg

»Ich ahne heut nix Gutes! Mitten in die Landeshauptstadt soll es gehen und nicht durch Wald und Felder! Große Parks und Grünflächen soll es geben, aber bitte schön gut angeleint! Mein Alter faselt etwas von einem Eldorado für Fotografen und reichlich Nackerten im Englischen Garten, aber bevor er es auch nur richtig gedacht hat, kommt das Veto der Alten: Kein Foto, oder ich verbiete das Buch! Menschen sind komisch und haben oft auch keinen Mut. Ich an seiner Stelle hätte es gemacht – aber pffft!!«

Vom Max-Joseph-Platz mit seinem großen, 1835

errichteten Denkmal für den ersten König Bayerns, Maximilian I. Joseph, gehen wir auf der Maximilianstraße, vorbei am Nationaltheater, einige wenige Meter nach Osten (stadtauswärts) und biegen dann nach links in die Alfons-Goppel-Straße ab. Über den Marstallplatz und vorbei an der Bayerischen Akademie der Wissenschaften geht es geradeaus in die Fußgängerzone am Hofgarten auf den Leibregimentweg. Wir wandern noch ein kurzes Stück weiter geradeaus und gehen dann nach rechts in einem Bogen hinunter zum Fußgängertunnel unter der Prinzregentenstraße hindurch, hinein in den Englischen Garten und erst einmal ein Stück links den Eisbach entlang.

Wir gehen weiter parallel zum Bachlauf, überqueren einen Nebenfluss des Baches mit kleinem Wasserfall und wählen später, an einer Wegkreuzung mit einer großen Übersichtstafel zu den Wegen im Englischen Garten, den zweiten Weg von links, einen reinen Fußgängerweg, Richtung Monopteros. Jetzt im Frühjahr betört uns hier, wie auch in vielen anderen Teilen des Gartens, ein starker Knoblauchgeruch, denn der Boden ist hier unter Bäumen und Sträuchern dicht mit Bärlauch bedeckt!

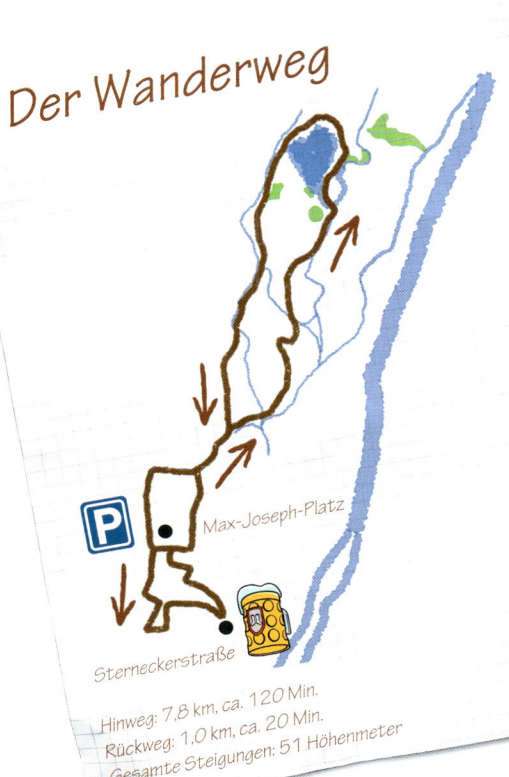

Der Wanderweg

Max-Joseph-Platz
Sterneckerstraße

Hinweg: 7,8 km, ca. 120 Min.
Rückweg: 1,0 km, ca. 20 Min.
Gesamte Steigungen: 51 Höhenmeter

Schon bald sehen wir rechts oben den Monopteros, einen kleinen Tempel auf dem höchsten Punkt des Englischen Gartens, der herrliche Ausblicke auf den Garten und die Innenstadt Münchens bietet.

Wir gehen rechts ab und hinauf zu dem etwa 16 Meter hohen Rundtempel im griechischen Stil, der 1832–36 nach einem Entwurf von Leo von Klenze auf einem künstlich aufgeschütteten Hügel errichtet wurde. Unser Blick schweift über große Teile des mehr als vier Quadratkilometer umfassenden Gartenareals, das damit größer als der Central Park in New York oder der Hyde Park im Zentrum Londons ist.

Danach nehmen wir denselben Weg wie hinauf auch wieder hinunter, wenden uns unten nach links, gehen über eine große Wegkreuzung und einen Bach und wählen den letzten Weg nach links. Schon bald erreichen wir den Chinesischen Turm und seinen riesigen, circa 7000 Sitzplätze umfassenden Biergarten. Der 25 Meter hohe Holzbau wurde 1789/1790, nach einem Entwurf Joseph Freys, von Johann Baptist Lechner nach dem Vorbild einer noch weit größeren Pagode im königlichen Kew Garden in London errichtet. Der bereits mehrfach abgebrannte Turm wurde zuletzt im Jahre 1952, nach der Kriegszerstörung 1944, wieder originalgetreu aufgebaut.

Vorbei am Turm geht es erst weiter geradeaus nach Norden und dann am sogenannten Rumfordhaus von 1790/91 mit seinen griechisch anmutenden Säulen rechts ab und weiter auf einem reinen Fußgängerweg, über eine kleine Straße und bis zu einem Bachlauf. Vor dem Bach gehen wir nach links und bleiben an der folgenden Wegegabelung rechts auf dem Fußweg. Vorbei geht es an einem Kiosk, über den Bach und dann links erst immer am Bach entlang und später weiter am Ufer des Kleinhesseloher Sees bis zum Restaurant »Seehaus« mit seinem Biergarten und Bootsverleih.

Weiter geht es um den See, auf einem schmalen asphaltierten Weg und kurz vor dem Ende des Sees, an einer Wegegabelung, rechts ab. An der nächsten Kreuzung folgen wir dem linken Weg und wandern dann immer geradeaus auf dem Hauptweg weiter. Wir gehen über eine Straße und passieren wieder das Rumfordhaus, diesmal auf seiner Rückseite, und überqueren einen Bach. Rechts sehen wir, hinter dem Bachlauf und einigen Bäumen, die Gebäude der Ludwig-Maximilians-Universität München, links erstrecken sich ausgedehnte Liegewiesen. Im Hintergrund entdecken wir bald wieder links den Monopteros auf seinem kleinen Hügel. Wir überqueren nochmals einen Bach und passieren links das Milchhäusl mit seinem Bio-Imbiss, Bio-Biergarten und großen Spielplatz.

»Und hier sehe ich sie auch ganz klipp und klar und deutlicher, als es sich mein Alter jemals zu träumen gewagt hätte – die Nackerten! Aber nein, er darf den Fotoapparat nicht auspacken und ihr dürft also auch nicht an meinen Eindrücken teilhaben. Schade für euch, oder vielleicht auch Glück, hängt ganz vom Motiv ab!«

Es geht weiter geradeaus und rechts vorbei am großen Reiteroval auf den ausgedehnten Wiesen. Fast am Ausgang des Parks treffen wir auf den uns schon bekannten Weg am Eisbach und gehen auf ihm nach rechts wieder zur Straßenunterführung und dahinter hinauf Richtung Hofgarten. Oben angekommen geht es kurz nach links und dann, sofort nach dem Überqueren der Galeriestraße, 90° rechts ab in den Hofgarten. Am

Ende des Gartens, mit seinem Paradies für Boule-Spieler und vielen netten Restaurants und Ladengeschäften, geht es wieder nach links und dann, am Ende des Platzes, auf der

Hofgartenstraße durch das von Leo von Klenze 1816/17 gestaltete Tor auf den Odeonsplatz.

Hier wenden wir uns nach links und gehen dann geradeaus, vorbei an der Residenz, der Theatinerkirche, der

Grablege des Hauses Wittelsbach, und der Feldherrnhalle mit ihren bayerischen Löwen und den Statuen von Graf von Tilly und Fürst Wrede, bis hin zum Max-Joseph-Platz. Wir überqueren den Platz geradeaus, passieren rechts das »Spatenhaus« und gehen auf der Perusastraße vorbei am »Franziskaner« und weiter auf der Dienerstraße bis zum »Dallmayr«, einem der bekanntesten Feinkosthändler Münchens, der auf der linken Straßenseite steht. Rechts sehen wir bereits das Wahrzeichen Münchens, die Türme der Frauenkirche.

Die Dienerstraße führt uns direkt zum Marienplatz mit dem neuen Rathaus und der Mariensäule in der Mitte des Platzes. Der 85 Meter hohe Rathausturm mit dem Münchner Kindl an der Turmspitze beherbergt das fünftgrößte Glockenspiel Europas, eingeweiht im Jahre 1908. Die 43 Glocken der mechanischen Uhr spielen nacheinander vier verschiedene Melodien, zu denen insgesamt 32 Figuren den Schäfflertanz und ein Ritterturnier darstellen. Wir wenden uns, nach Besichtigung des

Marienplatzes, aus der Dienerstraße kommend nach links, gehen vorbei am Spielzeugmuseum im alten Rathausturm am Marienplatz 15 und biegen dann scharf rechts auf den Vik-

tualienmarkt ab. Rechts passieren wir eine Vielzahl von Metzgerläden, links liegt der Hauptmarkt mit seinen überquellenden Obst-, Gemüse-, Käse-, Wein- und Wurstständen, flankiert von erstklassigen Fischläden, Blumenhäusern und weiteren Spezialitätenständen. Ein Muss für jeden Hobbykoch und Gourmet! Und ein großer Biergarten am schmucken Maibaum fehlt auch hier natürlich nicht.

Wir schlendern über den Markt und kehren dann zum alten Rathausturm zurück. Hier biegen wir nach rechts ab auf die Straße »Tal« und folgen ihr, leicht abschüssig, bis kurz vors Isartor und biegen hier nach rechts in die Sterneckerstraße ein. Am Ende der Gasse, rechts, erreichen wir das Ziel unserer heutigen »Wanderung«, das Bier- & Oktoberfestmuseum mitsamt seinem Museumsstüberl.

Das Bier- & Oktoberfestmuseum
Im ältesten erhaltenen Bürgerhaus Münchens, in der Sterneckerstraße 2, wurde im Herbst 2005 nach langen Überlegungen und Planungen das Bier- & Oktoberfestmuseum mit seinem Museumsstüberl in Trägerschaft der Edith-Haberland-Wagner-Stiftung

Öffnungszeiten des Museums

Montag	geschlossen
Dienstag	13.00-17.00 Uhr
Mittwoch	13.00-17.00 Uhr
Donnerstag	13.00-17.00 Uhr
Freitag	13.00-17.00 Uhr
Samstag	13.00-17.00 Uhr
Sonn- und Feiertag	geschlossen

Für Gruppen nach Voranmeldung Di. – Sa. bis 19.00 Uhr

Während des Oktoberfestes keine Ruhetage

eröffnet. Das Haus selbst ist ein absolutes Juwel Münchner Baukultur, die ältesten Bauteile des Hauses stammen aus der Zeit um das Jahr

1340. Es wurde mehrmals umgebaut und erheblich erweitert. Zu seinen wesentlichen Strukturmerkmalen zählen die zahlreich vorhandenen Herdstellen, die Rauchkuchln sowie insbesondere die diagonal durch alle Geschosse des Hauses reichende Holztreppe, eine sogenannte »Altmünchner Himmelsleiter«. An keinem anderen Ort Münchens bieten sich dem Besucher heute bessere Einblicke in die kleinbürgerliche Architektur des 14. bis 19. Jahrhunderts als in den Räumlichkeiten dieses Museums.

Im Erdgeschoss des Museums und im ersten Stock befinden sich sowohl interessante Exponate, wie zum Beispiel ein historisches Sudwerk, als auch diverse Räume des ebenfalls hier untergebrachten Museumsstüberls. Der Besucher wird hier nicht alleine von den interessanten Ausstellungsstücken, sondern gleichzeitig von den Gerüchen frisch gezapften Bieres und deftiger bayerischer Speisen gefangen genommen.

Im zweiten Stock befindet sich dann das eigentliche Biermuseum. Es werden unter anderem der gesamte Brauprozess dargestellt und historische Maschinen gezeigt. Da ist beispielsweise ein Modell der ersten Kühlanlage von Carl Linde aus dem Jahr 1873, eine Erfindung, die nur wenige Jahre später das Brauereiwesen revolutionierte und erstmals das kontinuierliche Brauen aller Biere über die vier Jahreszeiten hinweg ermöglichte. Weitere Bereiche der Ausstellung beschäftigen sich mit Maßkrügen, Schäfflern, den Münchner Bierfabriken und den alten Bierbaronen, mit Kellnerinnen, den verschiedenen Biersorten und vielen zum Brauen notwendigen Utensilien. Als herausragendes Exponat ist hier auch die Zunftlade der Münchner Brauer aus dem 16. Jahrhundert zu bestaunen, deren Deckel-Innenseite unter anderem ein Gemälde von St. Bonifatius, dem Heiligen der Bierbrauer, ziert.

Im dritten Obergeschoss findet der Besucher schließlich das Oktoberfest-

museum, in dem ausführlich die fast 200-jährige Geschichte der Münchner Wiesn mit zahlreichen Exponaten, historischen Plakaten und alten Fotografien dargestellt wird. Schließlich verlässt der Besucher das Gebäude wieder über die schon genannte Himmelsleiter, die bis zur Sterneckerstraße hinunter führt – meist wohl um umgehend wieder links im Eingang zum gemütlichen Museumsstüberl zu verschwinden.

Eintritt ins Museum für Erwachsene 4,00 Euro (Ermäßigungen für Kinder, Familien und Gruppen).

Das Museumsstüberl
Sowohl Einzelgäste wie auch Gruppen unterschiedlicher Größe finden im Erdgeschoss und im ersten Obergeschoss des historischen Gebäudes wunderschöne Räumlichkeiten vor, die direkt im Anschluss an eine Museumstour einladen zum Genuss

einer Brotzeit und eines frischgezapften Bieres verschiedener Münchener Traditionsbrauereien.

In Verbindung mit dem Besuch des Museums bietet das Stüberl seinen Gästen für unschlagbare 4,00 Euro einen Brotzeitteller mit Griebenschmalz, Leberwurst, Obatzdem, drei Minisemmeln und Radieserln inklusive einer

Halben des begehrten Gerstensaftes. Nach Schließung der Ausstellungsräume gibt es dann ein erweitertes Speisenangebot. Am Abend hat der Gast die Qual der Wahl, beispielsweise zwischen diversen Brotzeiten, verschiedenen Würsten mit Sauerkraut, Brot oder Kartoffelsalat sowie einem Schweinsbraten mit Knödeln und Salat, Bierbrauergulasch oder dem Tellerfleisch mit Meerrettichsoße und Salzkartoffeln.

Hinsichtlich der Biere kann der Besucher bei saisonal wechselndem Angebot wählen aus den Erzeugnissen des

Öffnungszeiten des Museumsstüberls

Montag	geschlossen
Dienstag	17.00-24.00 Uhr
Mittwoch	17.00-24.00 Uhr
Donnerstag	17.00-24.00 Uhr
Freitag	17.00-24.00 Uhr
Samstag	17.00-24.00 Uhr
Sonn- und Feiertag	geschlossen

Für Museumsbesucher ist das Museumsstüberl bereits ab 13.00 Uhr geöffnet

Während des Oktoberfestes keine Ruhetage

Augustiner-Bräu, der mit über 670 Jahren Brautradition ältesten Brauerei Münchens, von Paulaner, Spaten, Löwenbräu, Hofbräu, Hacker-Pschorr und einigen Spezialbieren weiterer Brauereien der Region.

Der Rückweg

Der Rückweg ist heute ein sehr kurzer Spaziergang. Aus dem Museum und Bräustüberl geht's links hinaus, auf der Sterneckerstraße zum Tal und dort links hinauf. Dann gehen wir rechts ab, in die Maderbräustraße und an deren Ende wieder rechts ab in die Ledererstraße. Nach nur wenigen Metern geht es nach links, in die Orlandostraße und zum Platzl mit dem wohl berühmtesten Wirtshaus der Welt, dem Hofbräuhaus München, und auch den Restaurants und Läden des Sternekochs Alfons Schuhbeck. Vor dem Orlando biegen wir links ab und dann gleich wieder nach rechts, in die Orlando-Passage. Schon bald erreichen wir die Maximilianstraße und kurze Zeit später den Max-Joseph-Platz, den Ausgangspunkt unseres heutigen Ausfluges.

»Schee wars! Aber auch anstrengend! All die Stadtstraßen, die gepflegten Parks, die angeblichen Sehenswürdigkeiten und nie hatte ich Auslauf. Und das Gerede meiner Zweifüßler über hervorragende Lebensmitteltempel, unvergessliche Marktstände, historische Bauten und grandiose Museen blieb mir ziemlich fremd. Was hat ein armer Hund davon? Bin ich nun froh, wieder daheim zu sein und mein selbstgekochtes Hühnerherz mit Reis zu schlabbern. Nix Schuhbeck, sondern echt kultiges Hundefutter!«

Bierwanderung Nr. 6

Rund um Aying!

An zahlreichen kleinen Ortschaften vorbei geht es durch hügelige Landschaften über Felder, Wald und Wiesen nach Aying.

Brauerei Aying
Münchener Straße 21
85653 Aying

Tel. 08095 88-0
Fax 08095 88-50

brauerei@ayinger.de
www.ayinger.de

Vom Beginn eines Waldgebiets aus führt unser Weg durch das kleine Örtchen Kaltenbrunn. Danach geht es leicht hügelig vorbei an Feldern und Wiesen weiter über die Ortschaften Graß und Neumünster in Richtung Lindach. Immer wieder passieren wir auf dem Weg nach Aying kleinere Mischwälder, bis hin zur Brauerei und ihren Gaststätten.

Die Anfahrt mit dem PKW

Von München aus nehmen wir die A8 Richtung Salzburg und verlassen die Autobahn an der Ausfahrt »Hofoldinger Forst«. Wir biegen links ab und folgen der Beschilderung in Richtung Hofolding/Aying. Bevor wir nun, nach knapp sieben Kilometern, die Ortschaft Aying erreichen, biegen wir kurz vor den Bahngleisen rechts ab, in die Dürrnhaarer Straße. Dieser folgen wir nun ungefähr zwei Kilometer nach Peiß und biegen dort links ab, in den Graßer Weg. Dieser führt uns nach nur wenigen hundert Metern an den Rand eines Waldgebiets. Wir

fahren bis zu dem Punkt, ab dem dieses Sträßchen als Forstwirtschaftsweg ausgeschrieben ist und stellen unser Auto dort auf der rechten Seite ab.

Der Hinweg

»Meine Alten haben gesagt, die heutige Wanderung führt durch etliche Wäldchen und über hügelige Wiesen und Felder, hört sich also nach viel Spaß und Abwechselung für mich an. Außerdem gibt's hier zahlreiche Höfe mit Pferden und mit Kühen, mir sollte also nicht langweilig werden. Vielleicht sehe ich ja mal ein paar von denen aus der Nähe und kann mich ein wenig unterhalten, also über die wichtigen Themen des Lebens, wie Artenschutzbestimmungen, die Nutz- und Haustierfutterqualität in Deutschland und so weiter …«

Wir starten unsere Wanderung und gehen zunächst auf dem asphaltierten Sträßchen weiter, auf dem wir auch mit unserem Auto den Ausgangspunkt unserer heutigen Tour angefahren haben. Ab dieser Stelle ist die schmale Straße, wie bereits erwähnt, als Forstwirtschaftsweg ausgeschrieben, trotzdem ist ein wenig Vorsicht geboten, es wäre möglich Fahrzeugen zu begegnen. Wir laufen anfangs leicht bergauf durch einen Mischwald, mit Erreichen des Waldausgangs geht es dann wieder bergab, hinein nach Kaltenbrunn. Geradeaus wandern wir durch das Örtchen hindurch und treffen etwa fünfzig Meter nach dem Ortsausgang auf eine Wegkreuzung. Hier wenden wir uns nach links und folgen dem Wegweiser Richtung Graß/Münster. Bereits jetzt ist festzustellen, dass unsere heutige Strecke recht hügelig ist, nur selten geht es eben dahin, trotzdem ist der Weg gut zu bewältigen, denn die Steigungen sind moderat.

»Ist ja echt 'ne schöne Gegend, in die mich meine Menschen heute gebracht haben. 'Ne Menge Auslauf habe ich hier und ich kann schon einige Pferde sehen. Naja, aber ehrlich gesagt, würde ich mich lieber mit den Kühen unterhalten. Erstens schauen die so witzig aus und zweitens fällt mir ein, gäbe es da auch ein gutes Gesprächsthema. Ich meine bei den momentanen Milchpreisen weiß man ja nicht wie sicher deren Arbeitsplätze sind.«

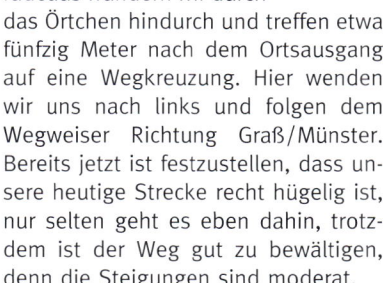

Der Wanderweg

Hinweg: 9,4 km, ca. 150 Min.
Rückweg: 1,5 km, ca. 30 Min.
Gesamte Steigung: 108 Höhenmeter

Unser Weg führt nun bergauf in den kleinen Ort Graß. Ungefähr 150 Meter nach dem Ortseingang müssen wir nach rechts ab, um der Beschilderung

in Richtung Münster nachzugehen. Das Sträßchen, auf dem wir uns nun befinden, schlängelt sich durch Graß hindurch. Kaum haben wir den Ort verlassen, geht es schon wieder bergab. Lassen Sie sich nicht davon irritieren, dass hier nur noch »Neumünster« ausgeschildert ist. Nach etwa 400 Metern betreten wir einen Mischwald, knapp einen Kilometer geht es jetzt durch diesen hindurch. Kurz nachdem wir den Wald verlassen haben, treffen wir auf eine T-Kreuzung, an der wir uns für den linken Weg entscheiden. Der folgende Abschnitt bringt uns, zunächst leicht ansteigend und dann wieder abschüssig, nach Münster. Ziemlich genau vier Kilometer sind wir bis zu diesem Zeitpunkt gegangen.

»Ich habe es jetzt sogar schon mal »muhen« hören, hier müssen also irgendwo Rindviecher sein. Ach, da hinten sind sie ja! Naja, ich bin ja gespannt, was die mir so zu erzählen haben...«

In Münster halten wir nun Ausschau nach einem Schild, welches uns den Weg Richtung Egmating weist. An diesem angelangt, biegen wir nach links ab, verlassen die Ortschaft und wandern auf einem geteerten Weg, der sich durch Felder und Wiesen schlängelt. Über einen Kilometer marschieren wir nun weiter, vorbei am Engel-Moos und am Zinneberg, bis wir in den Ort Lindach kommen, den wir durchqueren. Direkt nach dem Ortsausgang finden wir ein kleines Schild, welches den »Fußweg Aying« ausweist. Auf

diesem wollen wir jetzt unserem Ziel entgegenwandern und biegen nach links ab, auf einen breiten, gut begehbaren Schotterweg. Nach nur fünfzig Metern führt dieser in einen Wald. Gut zweieinhalb Kilometer geht es in einigen leichten Windungen zuerst durchs Bernrieder- und dann durchs Herrenholz.

»War schon ein interessantes Gespräch mit den Kühen. Ihr habt ja auch auf dem Foto gesehen, wie scharf die darauf waren, sich mit mir zu unterhalten. Ich meine klar, ich bin ja jetzt quasi berühmt und da ist es ja normal, dass sich andere in meinem Glanz sonnen wollen. Aber wie das so ist mit den Stars, ein Termin jagt den anderen und ich muss mir ja jetzt schließlich noch die Brauerei in Aying anschauen.«

Wenn wir den Wald hinter uns lassen, zieht sich unser Schotterweg durch einige Felder und Wiesen bis nach Aying hinein. Dort mündet er in eine as-

phaltierte Straße, den Lindacher Weg. Wir bleiben auf diesem, bis wir an eine Kreuzung kommen, links abbiegen und der Hauptstraße folgen. Nach circa 150 Metern und einer Rechtskurve haben wir unser Tagesziel erreicht und uns nach neuneinhalb Kilometern Wegstrecke unser Bier sowie eine Pause redlich verdient.

Die Brauereigaststätte

Aying ist ein oberbayerisches Dorf wie aus dem Bilderbuch. Schon am Dorfeingang begrüßt uns vor dem Hin-

tergrund des barocken Zwiebelturms der Pfarrkirche die Brauereigaststätte. Das angeschlossene Hotel hat 40, von der Inhaberin sehr geschmackvoll und individuell eingerichtete Zimmer. Seit kurzem ist auch das benachbarte ehemalige Liebhard'sche Herrenhaus zum Hotel umgebaut und sehr ansprechend restauriert worden.

Öffnungszeiten	
Montag	10.00–24.00 Uhr
Dienstag	10.00–24.00 Uhr
Mittwoch	10.00–24.00 Uhr
Donnerstag	10.00–24.00 Uhr
Freitag	10.00–24.00 Uhr
Samstag	10.00–24.00 Uhr
Sonn- und Feiertag	10.00–24.00 Uhr

Warme Küche 11.00–23.00 Uhr
23.–24.12. geschlossen

Die Küche verarbeitet frische, regionale Produkte. Die Auswahl reicht dabei von Schweinsbraten in Ayinger Dunkelbiersoße über den Ayinger Bierpfannkuchen gefüllt mit Gemüseragout oder Filet vom Gamsrücken auf Pfeffer-Kirschsoße bis hin zu einem Steinbeißerfilet in Tomatenbutter.

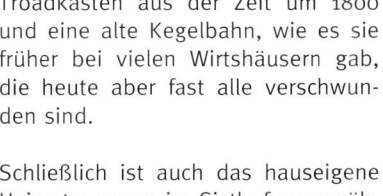

Troadkasten aus der Zeit um 1800 und eine alte Kegelbahn, wie es sie früher bei vielen Wirtshäusern gab, die heute aber fast alle verschwunden sind.

Schließlich ist auch das hauseigene Heimatmuseum im Sixthof zu erwähnen, eingerichtet 1978 im ältesten denkmalgeschützten Bauernhaus des Landkreises München (Besichtigung Mai bis Oktober an Sonn- und Feiertagen von 13.00–17.00 Uhr und nach telefonischer Vereinbarung im Brau-

Wir Bierwanderer werden wohl meist das gegenüber gelegene Bräustüberl mit seinem Biergarten besuchen, das 1994 eingerichtet und zu Ehren des Gründers der Brauerei »Liebhard's Bräustüberl zu Aying« genannt wurde. Hier gibt es typisch bayerische, deftige Schmankerln und Brotzeiten. Zum Brauereigasthof gehören noch zwei historische Bauten, die erhalten und liebevoll restauriert wurden: Ein ereigasthof, Ansprechpartnerin ist Frau Angela Inselkammer).

Die Brauerei

Die Familie Liebhard, in deren Besitz sich die Brauerei seit ihrer Gründung befindet (da sie zweimal über Töchter vererbt wurde, heißen die Besitzer heute Inselkammer), kam 1820 nach Aying und kaufte dort eine Tafernwirtschaft, deren

Münchener Straße am anderen Ende des Ortes verlegt. Dort finden auch die Brauereiführungen statt, und zwar Dienstag um 11 Uhr, Donnerstag um 18 Uhr sowie Samstag um 10 Uhr. Anmelden können Sie sich unter der Telefonnummer 08095 8890.

Anlass für die Betriebsverlagerung war die Erkenntnis des Bräus Franz Inselkammer, dass sich eine mittelständische Brauerei nur in der Kombination von Tradition, Fortschritt und der Verwurzelung in der Region gegen die Großbrauereien behaupten kann. Die Braugerste wird in der Umgebung angebaut und der Hopfen ausschließlich aus der Hallertau bezogen. Die Qualität des Bieres beruht nicht zuletzt auf dem eigenen Tiefbrunnen mit Mineralwasserqualität – dem einzigen im Münchner Umland. Die Brauerei ist bio-zertifiziert. Für die untergärigen Biere (Export Hell und Dunkel, Kellerbier, Pils, Doppelbock) wird das geschlossene System verwendet, für die obergärigen Weizenbiere der offene Gär-

Geschichte sich bis 1385 zurückverfolgen lässt. Gründer der Brauerei war Peter Liebhard, der 1877 mit dem Brauen begann und im Jahr darauf das erste Bier ausschenkte.

Die Biere

	Stammwürze	Alkohol
Export Hell	12,8 %	5,5 %
Kellerbier	11,8 %	4,8 %
Pils	11,8 %	5,0 %
Export Dunkel	12,8 %	5,0 %
Weizen	11,8 %	5,1 %
Ur-Weizen	13,3 %	5,8 %
Leichtes Weizen	8,8 %	3,2 %
Doppelbock	18,5 %	6,7 %

Seitdem ist die Brauerei von ihren bescheidenen Anfängen zu einem modernen Großbetrieb gewachsen und hat im Jahre 1999 ihren Standort von der Zornedinger Straße in die

bottich. Produziert werden heute circa 140000 Hektoliter pro Jahr. An jedem zweiten Sonntag im Oktober direkt bei dem alten Baum mit der Parkbank darunter. Dieser folgen wir ein Stückchen und biegen, nach einer scharfen Rechtskurve, links ab. Auf dem Peißer Kirchweg gehen wir nun zunächst geradeaus und dann in einer Linkskurve, bis wir die Kaltenbrunner Straße erreichen.

Auf der Kaltenbrunner Straße wandern wir nach links weiter. An der ersten Wegegabelung, an die wir nach wenigen Metern kommen, halten wir

findet in der Brauerei ein Tag der offenen Tür statt sowie der Bräu-Kirta mit Bierzelt und Kunsthandwerkermarkt.

Der Rückweg

Wir verlassen den Biergarten und nehmen auf der gegenüberliegenden Straßenseite die Obere Dorfstraße, uns rechts, das gleiche gilt auch für die etwa 150 Meter weiter folgende Wegegabelung. Nun führt unser Weg in einigen Biegungen zunächst über Wiesen und Felder, bis wir ein Waldgebiet erreichen. Jetzt geht es eine kurze Zeit durch einen Mischwald bis zum Ausgangspunkt unserer heutigen Tour zurück.

»Tja, heute habe ich wieder einiges gelernt. Zum einen gibt es hier Dörfer, die bestehen eigentlich nur aus Brauerei und Kirche, und zum anderen sind die ansässigen Kühe mit der Agrarpolitik, den Milchpreisen und den daraus für sie resultierenden Arbeitsmarktbedingungen alles andere als zufrieden. Und ich musste nach der Konferenz mit den Rindviechern wieder in die Wanne und nun ist mir bibberkalt!«

Bierwanderung Nr. 7

Durch Wälder und über Wiesen zum Benediktinerkloster Scheyern!

Von Langwaid aus geht es durch Wälder und Wiesen, an Teichen und Keltenschanzen vorbei, zum Kloster Scheyern und von dort über Ilmried und Gurnöbach wieder zurück.

Benediktinerabtei zum Hl. Kreuz
Schyrenplatz 1
85298 Scheyern

Tel. 08441 752-0 (Klosterpforte)
Fax 08441 752-210

info@kloster-scheyern.de
www.kloster-scheyern.de
www.klosterbrauerei-scheyern.de

Vom Ortsrand von Langwaid aus geht es zunächst durch Wälder und über Wiesen, durch die kleine Ortschaft Habertshausen und vorbei an Teichen und einer Keltenschanze bis zum Kloster Scheyern und seiner Brauerei. Nach einer Stärkung verläuft unser Rückweg dann über den Weiler Ilmried und den Ort Gurnöbach wieder zurück nach Langwaid.

Die Anfahrt mit dem PKW

Von München aus fahren wir auf der A9 Richtung Nürnberg. Nach 30 Kilometern nehmen wir die Ausfahrt 67 »Allershausen/Hohenkammer«. Dort biegen wir links ab, auf die Münchner Straße (ST2054) in Richtung Hohenkammer. Hinter Hohenkammer geht es dann nach rechts weiter, wiederum auf der Münchner Straße (jetzt ist es die B13), über Niernsdorf nach Reichertshausen. In der Ortsmitte von Reichertshausen fahren wir links ab, auf die Schlossstraße (ST2337) nach Lausham. Kurz vor der Ortschaft Lausham geht es dann

rechts ab nach Langwaid. Wir fahren auf der Talstraße bis zu den kleinen Parkplätzen bei der Feuerwehr (die Straße heißt »Am Kleinfeld«).

Der Hinweg

»Heute ist es endlich mal ein Weg nach meinem Geschmack. Da werden meine Menschen schon sehen, welche Ausdauer so ein drahtiger Terrier hat! Und sie werden über kaputte Füße und schmerzende Oberschenkel klagen und auf den letzten fünf Kilometern vor dem Ziel schon vom Bier träumen! Und sie werden heute zuhause von riesigen Heldentaten berichten, aber noch ahnen sie ja, Hundegott sei Dank!, noch gar nicht, auf was sie sich da dieses Mal einlassen!«

Wir folgen zunächst der Straße »Am Kleinfeld« bis zum Ortsausgang und auch darüber hinaus. Es ist jetzt ein schmaler, asphaltierter Wirtschaftsweg, der sich erst in einer leichten Rechts- und dann in einer Linkskurve durch Wiesen und Felder und vorbei an Hecken schlängelt. Dann geht es in einer weiten Rechtskurve weiter, jetzt immer leicht bergan. Nach einigen hundert Metern überqueren wir eine kleine Straße und gehen weiter geradeaus auf einem sandigen Feldweg. Bereits nach kurzer Zeit gabelt sich dieser Weg und wir entscheiden uns für den rechten, wieder leicht ansteigenden Pfad, der uns nun in Richtung eines noch etwas entfernteren kleinen Waldgebietes führt. Dort angekommen wandern wir vorbei an einem hölzernen Hochsitz und folgen unserem Weg weiter einige Meter entlang des Waldrands. Dann geht es in das Waldstück hinein, in dem wir nach wenigen Schritten bereits einen Querweg erreichen. Diesen gehen wir nach links weiter, zuerst in mehreren Links- und Rechtsbiegungen leicht bergab durch ein Fichtenwäldchen, bis wir an dessen Ende gelangen. Bevor es hier weiter geht in einen Buchen-Fichten-Mischwald, biegen wir nach rechts in einen Waldweg ab, der leicht abschüssig durch einen dichten Fichtenwald führt. Bald gelangen wir an eine Wiese und unser Weg knickt als schmaler Trampelpfad nach links ab. Diesem folgen wir nun eine ganze

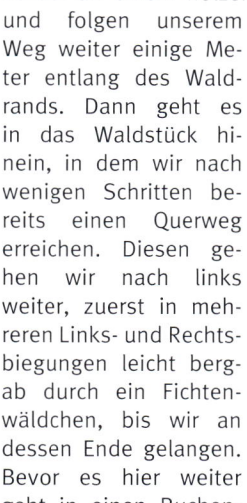

Hinweg: 10,8 km, ca. 180 Min.
Rückweg: 9,5 km, ca. 150 Min.
Gesamte Steigung: 330 Höhenmeter

Weile, immer am Waldrand entlang. Am Ende des Waldes können wir schon die kleine Ortschaft Habertshausen sehen, hier biegt unser Trampelpfad in einem 90°-Winkel nach rechts ab. Nach rund 100 Metern Marsch erreichen wir erneut ein kleines Waldstück und unser Weg führt nun am Waldrand vorbei und ist auf der linken Seite von einer Buschhecke eingesäumt. Einige hundert Meter später treffen wir auf einen Schotterweg, auf dem wir nach links in Richtung der Ortschaft voranschreiten.

»Ich muss schon sagen, ein tierisches Vergnügen ist das heute! Jetzt sind wir schon ein ganzes Stück gegangen und trotzdem ist das Bier noch weit entfernt. Da freut sich mein kleines Hundeherz, wer braucht denn schon 'ne Pause, geschweige denn Bier?«

Im Ort angekommen, verläuft der Weg zwischen zwei Höfen hindurch und knickt dann im 90°-Winkel nach rechts ab, direkt auf die Ortsmitte und einen großen Maibaum zu. Wir treffen bald danach auf die Triefinger Straße, eine kleine Autostraße, und folgen dieser nach rechts. Wir passieren einige Häuser und biegen dann schon wieder nach links ab, in den Forstweg. Dieser geht bald in einen geschotterten Wiesenweg über, dem wir eine ganze Weile folgen in Richtung des Scheyern-Forstes. An einer Wegegabelung vor einem kleinen, recht zerfallenen Schuppen wählen wir den rechten Weg und halten uns weiter in Richtung des Waldes. Auch am Rand des Scheyern-Forstes angekommen, bleiben wir weiterhin auf dem breiten Fahrweg, der nun durch ausgedehnte Buchen-Fichten-Mischwälder verläuft. An der nächsten Wegegabelung halten wir uns links und folgen auch hier unserem Fahrweg. Später gelangen wir an ein Wegedreieck und entscheiden uns hier für den rechten Weg, der zunächst in mehreren Biegungen durch Mischwälder und danach immer weiter geradeaus durch reine Buchenwälder führt. Wenn wir nun

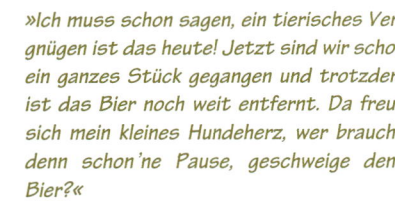

an einem Querweg (einem Fahrweg) ankommen, biegen wir rechts ab und folgen diesem in einer langgezogenen Links-Rechtskurven-Kombination leicht bergan, bis wir den Waldrand erreichen. Hier müssen wir nun im 90°-Winkel nach links weg, um einem weiteren Fahrweg entlang des Waldrandes zu folgen. Am nächsten Wegedreieck angelangt, wandern wir auf unserem Fahrweg wieder nach links in den Wald hinein. Zunächst geht es leicht bergab, an einigen kleinen Fischteichen vorbei, die wir auf der linken Seite liegen lassen und danach verläuft unser Weg immer weiter geradeaus wieder leicht ansteigend. Wir passieren nun eine Keltenschanze (rechte Seite) und wandern weiterhin geradeaus, über eine ganze Reihe Wegkreuzungen hinweg. Dann kommen wir an einer kleinen Lichtung vorbei, die rechts des Weges liegt, und marschieren weiter geradeaus ein ganzes Stück relativ steil bergauf. Am Waldrand angekommen lädt eine Holzbank, direkt unter einem Wegkreuz, mit guter Aussicht auf die umgebenden Hügel und die Orte Scheyern und Fernhag zu einer kurzen Rast ein.

»Also, ich verstehe die Menschen einfach nicht! Jetzt habe ich viel kürzere Beine und muss auch noch vier davon bewegen und trotzdem bräuchte ich noch lange keine Pause. Meine Menschen aber jammern schon rum und fragen sich, wann wir wohl endlich da sind. Dabei sehe ich das ganz wie der alte Konfuzius: "Der Weg ist das Ziel."«

Exakt dort, wo unser Weg den Waldrand erreicht hat (also etwa fünf Meter vor der Bank), geht ein Fahrweg nach links ab, dem wir nun weiter folgen. An der nächsten Wegegabelung wandern wir weiter geradeaus auf unserem Fahrweg, der bald langgezogene Rechts- und Linkskurven

Öffnungszeiten

Montag	10.00-22.30 Uhr
Dienstag	10.00-22.30 Uhr
Mittwoch	10.00-22.30 Uhr
Donnerstag	10.00-22.30 Uhr
Freitag	10.00-22.30 Uhr
Samstag	10.00-22.30 Uhr
Sonntag	10.00-22.30 Uhr

Biergartenbetrieb ab 1. Mai
Von Oktober bis April sind die Klosterstubn Mo+Di geschlossen und an den Werktagen auch von 14.30-17.30 Uhr. Das Bräustüberl ist jedoch auch während dieser Zeit täglich geöffnet.

durch das Gebiet der »Vorderen Schwarzen Lach« macht und hier als Knüppeldamm ausgebildet ist. Schließlich erreichen wir eine Fahrwegkreuzung (»Gerhauser Brandst«) und biegen nach rechts ab. Nun verläuft der Weg wieder leicht ansteigend durch ausgedehnte Fichten- und Buchenwälder. An der folgenden Kreuzung müssen wir weiter geradeaus, bis wir wenig später die »Große Kohlstatt« erreichen, mit 513 Metern die höchste Erhebung des Scheyern-Forstes. Von hier an führt unser Weg immer weiter bergab und mit Erreichen des Waldrandes können wir bereits die Fischteiche und das Hofgut der Abtei Scheyern sehen. Auf Höhe der Fischteiche nehmen wir an einer Wegegabelung den mit einem gelb-weißen Pfeil gekennzeichneten Weg nach rechts.

Auf der rechten Seite sehen wir nun weitere Fischteiche, auf der linken Seite das Klostergut mit seinen Gärten und Anlagen. Kurz vor der Einfahrt zum Hauptgebäude des Gutes gelangen wir an eine Wegkreuzung und folgen der kleinen, asphaltierten Straße nach rechts. An der kurz darauf folgenden Kreuzung gehen wir geradeaus, den kurzen, steilen Waldweg hinauf zum Klosterhof.

Auf dem Hügel angekommen, stehen wir direkt vor dem Haupteingang der Abtei, links befinden sich die Klostermetzgerei und die Brauerei, rechts die Brauereigaststätte und deren wunderschöner Biergarten.

»Wir sind jetzt schon fast elf Kilometer gegangen, endlich mal was für ausdauernde Vierbeiner. Was meine Alten aber überhaupt noch nicht ahnen: Auch der Rückweg wird noch einmal fast zehn Kilometer betragen. Also kräftig Futter fassen!«

Die Brauereigaststätte

Die heutige Klosterschenke wurde im Jahre 2006 an historischer Stätte in einem Nebentrakt der Klosteranlage eingerichtet. Ihre Vorgängerin, eine Tavernenwirtschaft, wurde an diesem Ort bereits 1568 eröffnet. Die insgesamt sehr geschmackvoll eingerichtete Brauereigaststätte besteht aus dem Restaurant »Klosterstubn« im Obergeschoss mit seinem attraktiven Biergarten sowie dem Bräustüberl

im Untergeschoss des Gebäudes. Die durchweg sehr gute Küche der Klosterschenke basiert überwiegend auf Produkten aus der nächsten Umgebung der Klosteranlage, insbesondere der klösterlichen Metzgerei mit eigener Schlachtung, dem wildreichen Klosterforst, einer eigenen Teichwirtschaft und Klostergärtnerei sowie den landwirtschaftlichen Erzeugnissen des stattlichen Klostergutes Pielhof. Dieses ist heute ein Versuchsgut des Helmholtz-Zentrums München, eines Forschungszentrums zur Erzeugung gesunder Pflanzen in einer umweltverträglichen Anbauweise. Neben typischen bayerischen Gerichten wie Schweinsbraten mit Knödeln und Speckkrautsalat über eine gefüllte Bauernente mit Birnenblaukraut reicht das Angebot bis hin zu Gemüsestrudel auf Tomaten-Basilikumsoße. Die Brotzeitkarte lässt ebenfalls kaum Wünsche offen. Sie bietet unter anderem diverse Wurstsalate, kalten Schweinsbraten mit Meerrettich, Tellersülzen oder einen gemischten Schinkenteller vom Klostermetzger. Für die kleineren Gäste gibt es darüber hinaus eine eigene Kinderspeisekarte.

Die Brauerei

Die Brautradition in Scheyern reicht bis zum Gründungsjahr des Klosters 1119 zurück. Die Brauerei ist damit, neben Weihenstephan und Weltenburg, eine der ältesten Brauereien Deutschlands. Nicht immer wurde die Brauerei tatsächlich vom Kloster selbst betrieben, so war sie noch von 1990 bis 2006 an eine Augsburger Brauerei vergeben. Seitdem ist die Brauerei Scheyern wieder als Klosterbrauerei selbstständig und verarbeitet bei der Bierherstellung ausschließlich regionale Rohstoffe. Besonders stolz ist der junge Braumeister Tobias Huber auf seinen »eigenen« Hopfenbauern aus unmittelbarer Nachbarschaft. Schließlich ist Kloster Scheyern seit dem frühen 12. Jahrhundert das geistliche Zentrum der bayerischen Holledau, dem heute weltweit größten Hopfenanbaugebiet (auch wenn der Hopfen bei den Gründervätern des Klosters noch völlig unbekannt war).

Bei der Wiedereröffnung der Brauerei wurde eine hochmoderne, vollautomatische, geschlossene Brauanlage angeschafft. Heute kann der Bräu mit dieser Anlage alleine, bei zwei Suden pro Tag, im Jahr etwa 4000 Hektoliter Bier produzieren. Die Abfüllung der ausschließlich regional vertriebenen Biere erfolgt wegen des relativ geringen Ausstoßes bei einer befreunde-

Die Biere

	Stammwürze	Alkohol
Helles	12,0%	5,4%
Dunkel	12,0%	5,6%
Weizen	12,0%	5,4%
Benedictus-Pils	11,5%	4,8%
Doppelbock, dunkel	18,0%	7,2%
Maibock, hell	16,0%	6,8%
Hopfazupfa-Bier (Festbier ab 15. August)	13,0%	6,8%

ten Brauerei. Eine Führung durch die Brauerei kann für den interessierten Bierwanderer nach Anmeldung bei der Klosterverwaltung (Tel.: 08441 752 230) durchgeführt werden.

Der Rückweg
Wir folgen jetzt erst einmal dem Fußweg entlang der Straße vor der Brauereigaststätte nach links, um dann nach rechts in Richtung Allershausen abzubiegen. Am Ortsende müssen wir nochmals rechts ab, auf die Straße in Richtung Steinkirchen und Fernhag. Ab hier wandern wir auf dem kombinierten Fuß-/Radweg auf der rechten Seite der Straße, bis nach Fernhag und auch durch die Ortschaft hindurch. Am Ortsausgang endet der Fuß-/Radweg. Wir biegen hier wenige Meter vor dem Ortsausgangsschild auf einen kleinen, asphaltierten Wirtschaftsweg nach links ab, der schon bald in einen Schotterweg übergeht. Nach kurzer Zeit erreichen wir den Waldrand und bleiben auf unserem Weg, der uns in den Wald führt, bis zur nächsten Wegegabelung. Hier entscheiden wir uns für den rechten Pfad und passieren nach einigen Metern eine winzige Kapelle, die zu unserer Rechten liegt. Auch an der nun folgenden Wegegabelung wählen wir die rechte Variante und wandern in einigen leichten Links-Rechtskurven geradewegs durch einen dichten Kiefernwald. Am Waldrand angekommen halten wir uns abermals rechts und gehen durch Weiden, Felder und Wälder weiter geradeaus.

»Ihr könnt euch gar nicht vorstellen, wie meine Alten jetzt schon ächzen und schwitzen. Wären sie Hunde, müssten sie aufpassen jetzt nicht auf ihre eigene Zunge zu treten, denn die würde ihnen wohl bis zum Boden hängen. Aber ich finde das absolut lächerlich, die sollen sich mal nicht so anstellen, nur weil es heute mal drei, vier Meter mehr zu wandern sind.«

Vor uns können wir jetzt bereits die Höfe des Weilers Ilmried erkennen. Unser Weg entfernt sich weiter vom Wald und verläuft in einigen Kurven durch Wiesen und Felder, bis wir schließlich an eine kleine, asphaltierte Straße gelangen. Hier biegen wir rechts ab und gehen weiter auf die kleine Ortschaft zu. Dort angekommen, folgen wir der Straße noch ein paar Meter und biegen dann nach rechts in die Grabengasse, ab. Danach gleich wieder nach links, in die Angerstraße, welche wir in mehreren Links-Rechtskurven hinauf wandern, bis zur Straße nach Gurnöbach. Erreichen wir diese, folgen wir ihr in weiten Biegungen, immer leicht abwärts ins Tal, bis wir an die Verbindungsstraße zwischen Gurnöbach und Reichertshausen kommen. Hier wenden wir uns nach rechts und gehen auf dieser nur sehr wenig befahrenen Straße, auf der linken Seite, vorsichtig weiter bis nach Gurnöbach. In der Ortschaft biegen wir sofort nach links ab, um nach nur circa 15 weiteren Metern in die Straße »Schmiedleiten« einzubiegen, die uns in Richtung Kleingurnöbach bringt. Diese kleine, asphaltierte Straße führt uns wenig später in etlichen Kurven durch Kleingurnöbach, bis wir unten im Tal auf eine Hauptstraße stoßen, der wir noch einige Meter bis in den Ort Langwaid, und damit dem Ausgangspunkt unserer heutigen Wanderung folgen.

»Also meine Menschen haben ja die ganze Zeit gejammert, dass es ihnen zu viel ist heute. Aber für mich war das ein Kinderspiel! Die paar Kilometer machen so einem durchtrainierten Hund wie mir nichts aus. Ich habe jetzt lediglich grad' so ein komisches Gefühl in den Augen … tz tz tz tz«

Bierwanderung Nr. 8

Auf den heiligen Berg zum Kloster Andechs!

Von Herrsching am Ammersee über den Hörndlweg auf den heiligen Berg der Bayern zum Kloster Andechs und zurück durchs Kienbachtal.

Klosterbrauerei Andechs
Bergstraße 2
82346 Andechs

Tel. 08152 376-0

sekretariat@andechs.de
www.andechs.de

Vom Bahnhof in Herrsching am Ammersee führt uns der Hörndlweg, mit phantastischen Ausblicken auf den See, durch lichte Buchenwälder und Wiesen auf den heiligen Berg der Bayern zum Kloster Andechs mit seiner Klosterbrauerei und den wunderschönen Gaststuben und Terrassen. Zurück geht es über steile Steige und herrliche Waldwege durch das Kienbachtal wieder ans Ufer des Ammersees.

Die Anfahrt mit dem PKW

Von München fahren wir auf der A96 Richtung Lindau/Stuttgart. Wir verlassen die Autobahn an der Ausfahrt 32 »Oberpfaffenhofen/Herrsching/Wessling«. Dort biegen wir nach links ab, auf die Staatsstraße 2068 Richtung Herrsching am Ammersee und fahren bis in die Ortsmitte. Besonders in der Hauptsaison sind viele der reichlich vorhandenen Parkplätze in Herrsching stark frequentiert. Wir möchten deshalb für diese Wanderung keinen speziellen Parkplatz vorgeben. Bitte parken Sie möglichst in der Nähe der Ortsmitte und gehen dann

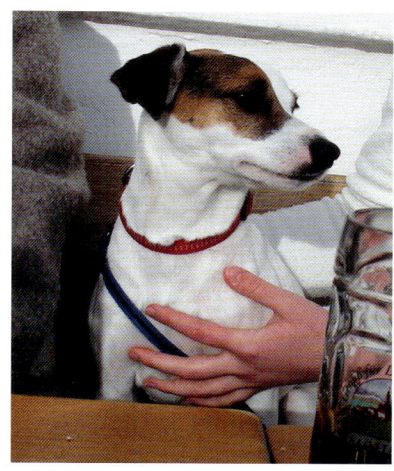

auf gut ausgeschilderten Wegen zum Bahnhof der Gemeinde Herrsching. Dort beginnt unsere heutige Bierwanderung.

Der Hinweg

»Ich habe natürlich keinerlei Ahnung, was das alles bedeuten soll, aber für meine Alten und ihre bayerischen Artgenossen muss diese Wanderung heute etwas ganz Außergewöhnliches sein. Sie sprechen immer wieder vom Weg auf den heiligen Berg der Bayern und einem Mekka bajuwarischer Bierkultur. Da will ich nur hoffen, dass auch für uns Vierbeiner etwas Besonderes an diesem Feiertag herausspringt! Auf geht's!«

Gegenüber des Bahnhofes wandern wir einige hundert Meter die Kienbachstraße entlang nach Osten Richtung Stadtmitte. Bereits hier ist unser heutiger Weg als »Fußweg nach Andechs« ausgeschildert. Am vermeintlichen Ende der Straße gehen wir rechts über die kleine Fußgängerbrücke und dahinter sofort wieder nach links (es ist weiterhin die Kienbachstraße). Vorne an der Hauptstraße angekommen, wenden wir uns nach links, überqueren nochmals den Kienbach und biegen sofort dahinter nach rechts ab. Unser Weg verläuft jetzt durch den »Postgarten«. Am Ende des Gartens müssen wir nochmals nach rechts, über den Bach und dann nach links in die Andechsstraße. Kurz vor der Kirche, die wir nun sehen, biegen wir nach rechts in die Schönbichlstraße ein, welche nun auch als »Fußweg nach Andechs über Hörndlweg« ausgeschildert ist. Bereits nach etwa zwanzig Metern geht es nach links in die »Leitenhöhe« und auf dieser kleinen Straße immer leicht bergan. Schon bald haben wir von unserem Weg aus einen herrlichen Ausblick auf die Gemeinde Herrsching und den Ammersee.

Oben auf der Höhe angekommen, folgen wir der »Leitenhöhe« in einer scharfen Linkskurve. Nach nur wenigen Metern geht die Straße in einen Schotterweg über, führt erst in einen kleinen Fichtenwald und dann über eine Lichtung. An der nun folgenden Wegegabelung halten wir uns links und wandern leicht bergan in das nächste Eichen-Buchenwäldchen. Am Ende der nächsten Lichtung ver-

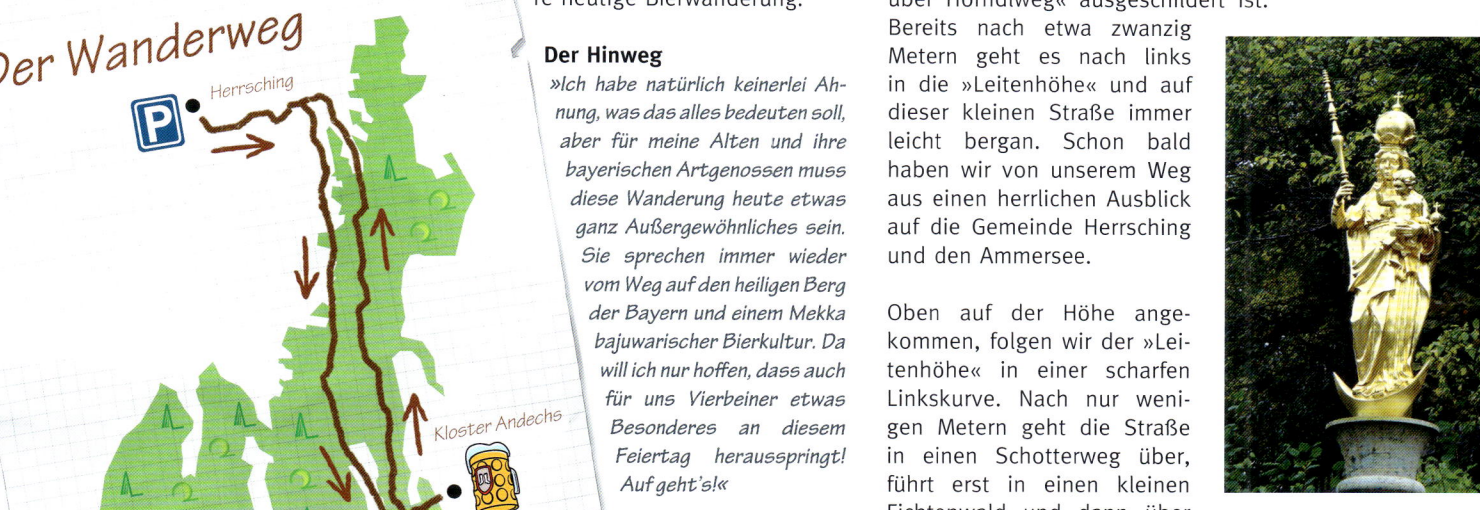

lassen wir unseren Weg und biegen nach links auf den weiterhin gut ausgeschilderten Waldweg nach Andechs ab. Abwechselnd geht es nun bergauf und bergab durch lichte Buchenwälder. Man sollte hier gut auf den Weg achten, denn er führt oft direkt über knorrige Wurzelgebilde.

An einigen abzweigenden Pfaden gehen wir stets geradeaus vorbei, bis unser Weg über eine kleine Lichtung führt und dann an einem breiten Wiesenweg endet. Hier biegen wir nach rechts ab und folgen diesem Weg in einigen langgezogenen Windungen. Auf der linken Seite können wir erste Ausblicke auf das Kloster Andechs erhaschen.

Nach rund zehn Minuten erreichen wir den Ortsrand von Andechs und damit auch wieder asphaltierte Straßen. Bereits fünfzig Meter nach dem Ortseingang biegen wir nach links ab, in den Wartaweiler Weg. Am Ende dieser kleinen Wohnstraße geht es geradeaus in den Wald hinein. Über viele Stufen führt uns dieser Weg nun hinab ins Kienbachtal. Dort angekommen, überqueren wir den Bach über eine kleine Fußgängerbrücke. Dahinter knickt der Weg scharf nach links ab und nach nur sechzig Metern müssen wir rechts abbiegen und eine steile Holztreppe hinauf. Oben an der Treppe angekommen, wenden wir uns nach links. Am Ortsrand und einigen Wiesen entlang geht es nun

direkt auf den heiligen Berg der Bayern zu; schon von hier aus sehen wir die imposante Klosteranlage vor uns. Zuletzt sind nochmals eine Reihe von Stufen hinauf zur Klosterkirche zu bewältigen.

Bereits jetzt können wir die wunderschöne Wallfahrtskirche des Klosters mit ihrer üppigen Ausstattung besuchen. Wer mehr Details erfahren möchte, kann von Montag bis Samstag um 12.00 Uhr oder sonntags um 12.15 Uhr an einer kostenlosen, etwa 30 Minuten dauernden Führung durch die Kirche teilnehmen.

Öffnungszeiten

Montag	10.00-20.00 Uhr
Dienstag	10.00-20.00 Uhr
Mittwoch	10.00-20.00 Uhr
Donnerstag	10.00-20.00 Uhr
Freitag	10.00-20.00 Uhr
Samstag	10.00-20.00 Uhr
Sonntag	10.00-20.00 Uhr

Geschlossen: 24. und 25. Dezember, 1. Januar, Karfreitag

Nach der Besichtigung der Kirche geht es hinunter, vorbei am Klosterladen an der Ostseite der Kirche, bis zum Bräustüberl des Klosters Andechs.

Die Brauereigaststätte
Nach der Regel des hl. Benedikt sollen »alle Fremden, die kommen, auf-

genommen wie Christus und von den Mönchen verköstigt werden«. Diese Regel hat bis heute Bestand. Im Wappensaal, im Salettl, im Mälzerstüberl und auf den riesigen Terrassen des Bräustüberls können mehr als 1500 Gäste Platz finden.

Überall in den Gaststuben und auf den Terrassen ist es übrigens auch heute noch gemäß dem alten Wallfahrerbrauch gestattet, seine Brotzeit selbst mitzubringen. Die Getränke, allen voran natürlich die Biere, werden vor Ort gekauft.

Aber auch wer seine Brotzeit nicht von zuhause mitgebracht hat, wird auf Andechs nicht verhungern. In der eigenen Bäckerei erhält der Gast unter anderem Brezen, Auszogne oder auch Dampfnudeln mit Vanillesoße. An den Essensausgaben bekommen die hungrigen Wanderer gegrillte Hax'n, Wammerl oder Rollbraten, saftigen Leberkäs sowie eine Vielzahl von Wurstspezialitäten aus der Andechser Klostermetzgerei. Viele Beilagen, Käse, Salate und Gebäck runden das Angebot ab. Auch die Getränke holt sich jeder Gast an der Getränketheke selbst ab. Auf gewisse Wartezeiten muss man sich bei schönem Wetter, speziell an Wochenenden, schon einstellen!

»Ein wenig eigenartig benehmen sich diese Bayern hier auf ihrem ach so heiligen Berg schon, wenn sie Durst verspüren. Wenn ich diesen Drang habe, dann gehe ich einfach zu meinem offenen Napf in der Küche und trinke ein wenig Wasser, und wenn mein Alter ein ähnliches Problem hat, dann geht er an den Kühlschrank und holt sich dort eine »frei lebende« Flasche Bier. Ganz anders hier: Da kommen die Häuptlinge der Eingeborenen mit ihrem Schlüsselbund ins Bräustüberl, gehen an einen Safe mit hunderten von Einzelzellen, öffnen eines dieser privaten Verliese mit großem Stolz und holen daraus ihr ganz privates Krüglein heraus, um es dann umständlich und mit viel Pathos zu spülen und anschließend mit dem geliebten Gerstensaft füllen zu lassen. Ich wäre mittlerweile schon verdurstet!«

Nicht verschweigen möchten wir auch noch eine zweite Möglichkeit der Einkehr im Kloster Andechs, den Klostergasthof. Bereits 1438 als herzogliche Tafernwirtschaft gegründet, schenkte Herzog Albrecht III. die Wirtschaft Mitte des 15. Jahrhunderts dem Kloster. 1992 wurde das Gasthaus mit seinem Kamin-Stüberl, Kloster-Stüberl und Marien-Stüberl sowie weiteren Galtsräumen komplett, aber unter Wahrung der historischen Bausubstanz, renoviert.

Der Klostergasthof ist täglich von 10.00 – 23.00 Uhr geöffnet.

Die Brauerei
Bereits gegen Ende des Mittelalters, vor mehr als 550 Jahren, wurde Bier auf dem Andechser Berg gebraut, nachweislich nachdem der Wittelsbacher Herzog Albrecht III. 1455 hier die Benediktinerabtei gegründet hatte.

Schritt für Schritt wurde im Jahre 1972 ein kompletter Neu- bzw. Ausbau der Brauerei am Fuße des heiligen Bergs begonnen. 1974 folgten ein neuer Fass- und Flaschenkeller und 1983 das neue Sudhaus mit Gär- und Lagerkeller. Diese Anlagen wurden 2006 nochmals ausgebaut und die Gesamtkapazität der heute höchst modernen Brauerei wurde auf ein Maximum von 150000 Hektolitern erhöht. Die Vergrößerung der Tankkapazitäten war nicht zuletzt deshalb nötig, weil in Andechs, anders als in vielen anderen größeren Brauereien, auch heute noch bei der Herstellung aller untergärigen Biere das traditionelle Zweitank-Verfahren angewandt wird. Das Jungbier bleibt hier nach Abschluss der Gärung nicht im Gärtank, sondern reift bis zu sechs Wochen in einem separaten Lagertank.

Interessierte Besucher können die Brauerei Dienstag und Mittwoch um 11.00 Uhr ohne Anmeldung besichtigen. Die Führung dauert etwa eine Stunde und kostet, inklusive eines Ein-Euro-Gutscheines für das Bräustüberl, vier Euro.

Die Biere

	Stammwürze	Alkohol
Andechser Hell	11,5%	4,8%
Andechser Spezial Hell	13,5%	5,9%
Andechser Bergbock Hell	16,5%	6,9%
Andechser Dunkel	12,5%	4,9%
Andechser Doppelbock Dunkel	18,5%	7,1%
Andechser Weißbier Hell	12,5%	5,5%
Andechser Weißbier Dunkel	12,5%	5,0%

Der Rückweg

Wir gehen nun zurück zur Klosterkirche und direkt gegenüber des Eingangs der Kirche die vielen Stufen, die wir bereits vom Hinweg kennen, wieder hinunter. Unten angekommen wandern wir nun scharf nach rechts, talwärts immer an der Mauer der Klosteranlage entlang. Unser Weg ist hier in Richtung Herrsching ausgeschildert. Am Ende der Mauer verläuft er an einer Kuhweide entlang ein kleines Stück weiter geradeaus, links fällt der Berg sehr steil ins Kienbachtal ab. Hier sollte der Wanderer gut aufpassen, insbesondere, wenn

kleinere Kinder mit von der Partie sind. Etwa achtzig Meter nach dem Ende der Klostermauer wählen wir den kleinen, nach links abbiegenden

Pfad, der uns über viele Treppenstufen, abgesichert durch ein stabiles Holzgeländer, direkt hinunter ins Kienbachtal führt.
Unten treffen wir auf einen breiten Waldweg oberhalb des Bachlaufes und gehen auf diesem Weg nach rechts weiter. In vielen Windungen führt dieser nun lange Zeit weiter durch das Bachtal mit seinen lichten Buchen-Fichten-Mischwäldern. Bei mehreren abzweigenden Wegen halten wir uns immer geradeaus und damit parallel zum Bach. Schließlich erreichen wir die ersten Häuser von Herrsching und der Weg geht nun in eine kleine asphaltierte Straße über, die Kientalstraße. Dieser folgen wir immer geradeaus Richtung Stadtmitte, später überquert die Straße den Kienbach und nur fünfzig Meter weiter biegen wir nach links ab, in die Andechsstraße, Richtung Bahnhof. Über die nun vor uns liegende Kreuzung wandern wir geradeaus hinüber und am Ende der Andechsstraße rechts, über die kleine Fußgängerbrücke und zurück zum Bahnhof, wie auf dem Hinweg beschrieben.

Wer noch ein wenig Zeit in Herrsching verbringen möchte, dem sei jetzt noch ein kurzer Gang zum See mit großartigem Blick auf die umliegenden Landschaften oder ein kurzer

Bootsausflug empfohlen. An der Seepromenade laden zudem viele Restaurants auf einen Kaffee, ein weiteres Bier oder ein Stück Kuchen ein.

»Schön war es heute, viel Frischluft gab es und häufig frisches Wasser direkt aus dem Bergbach oder dem riesigen See. Nur die große Zahl meiner zweibeinigen Freunde hat mich schon hier und da geängstigt. Sie lieben halt ihren heiligen Berg und die Geselligkeit! Für uns Hunde dürft's scho' a bisserl ruhiger zugehn!«

Bierwanderung Nr. 9

Nach Altomünster zum Maierbräu!

Von Rudersberg durch ausgedehnte Wälder zur Altoquelle und weiter zum Maierbräu nach Altomünster.

Maierbräu KG
Marktplatz 2
85250 Altomünster

Tel. 08254 9987-0

maierbraeu@gmx.de
www.maierbraeu.de

Vom kleinen Weiler Rudersberg führt der Weg über Wiesen und durch große Fichtenwälder entlang des Altograbens zur Quelle des gleichnamigen Flüsschens und weiter nach Altomünster, zu dessen historischem Marktplatz, der Kirche St. Alto, dem Birgittenkloster und zum Maierbräu mit seinem Brauereigasthof.

Die Anfahrt mit dem PKW

Von München aus fahren wir auf der A99 und später der A8 Richtung Augsburg. An der Ausfahrt 75 »Adelzhausen« verlassen wir die Autobahn in Richtung Adelzhausen. Nach der Ortsdurchfahrt geht es circa sechs Kilometer weiter auf dieser Straße (ST2338) nach Tödtenried und Sielenbach. Kurz nach der Ortsdurchfahrt Sielenbach biegen wir rechts ab nach Wollomoos und Rudersberg. Wir parken am Straßenrand in Rudersberg oder kurz nach dem Ortsausgang an der Straße Richtung Thalhausen.

Der Hinweg

»Heute besuchen wir den heiligen Alto und seine Quelle. Meine Alten haben dabei mal wieder was mit Kultur im Sinn, ich bin alleine scharf auf ein frisches, kaltes Quellwasser. Und dann ist da heute noch was Besonderes, ich hab' nämlich eine süße Freundin in Altomünster. Leider weiß ich noch nicht, wie sie heißt, aber ich habe sie schon dreimal auf der Straße getroffen, immer alleine ohne Herrchen oder Frauchen. Vielleicht kann mir ja jemand einen Tipp geben? paul@bier-wanderungen-online.de«

Von Rudersberg aus beginnen wir unsere heutige Wanderung auf der kleinen, wenig befahrenen Straße Richtung Thalhausen und gehen hier vorsichtig, auf der linken Straßenseite, circa 800 Meter talwärts. Unten angekommen, überqueren wir den Altograben (kleiner Bach) und biegen direkt dahinter nach rechts auf einen Feldweg ein, dem wir bis zum Waldrand folgen. Dort geht es scharf nach rechts und bergauf in den Wald. Nach wenigen Metern erreichen wir schon eine Wegegabelung und nehmen hier den linken Weg. Wir wandern jetzt auf unserem Waldweg immer weiter geradeaus, parallel zum links unten liegenden Altograben.

Auch an weiteren Wegegabelungen halten wir uns stets links und wandern weiterhin geradeaus. Der Weg verläuft nun immer, manchmal leicht ansteigend, durch dichte Fichtenwälder. Nach etwa zwei Kilometern macht unser Waldweg eine langgezogene Rechtskurve und nur zehn Meter links neben unserem Weg sehen wir einen fast parallel verlaufenden Waldweg. Wir wechseln bereits hier auf den anderen Weg und folgen diesem nach

links (beide Wege hätten sich auch nach weiteren 200 Metern getroffen). Der Weg ist nun mit einem blauen Kreis, Holzpfählen mit hellgelben Köpfen und auch mit einem Hinweisschild markiert, das auf die Altoquelle verweist.

75

Es geht nun leicht bergab, zuletzt über einige Stufen und drei winzige Holzbrücken bis zur Quelle und der dortigen Altostatue. Bereits im 8. Jahrhundert soll sich der Einsiedler Alto, der

der Legende nach aus schottischem Adel stammte, in diesem Waldstück niedergelassen haben, das ihm vom Frankenkönig Pippin dem Kleinen, Vater Karls des Großen, überlassen wurde. Erst im hohen Alter, so heißt es, sei Alto Priester geworden und dann auch der erste Abt des von ihm gegründeten und im Jahre 750 geweihten Klosters in Altomünster.

Direkt hinter der Quelle führt unser Weg nun nach rechts und wir folgen weiter dem blauen Punkt, den gelben Pfählen und hier auch noch einem grünen Dreieck, stets leicht bergan. Später stoßen wir auf einen breiten Querweg und wandern an diesem Punkt nach rechts. Bereits kurze Zeit später geht es nochmals nach rechts und wir folgen einem breiteren Wirtschaftsweg aus dem Wald heraus und immer weiter durch Felder und Wiesen.

Nach einer Weile geht der Weg in ein asphaltiertes Sträßchen über, dem wir weiter geradeaus auf den nächsten Hügel folgen. Von hier aus sehen wir bereits den Markt Altomünster und den Turm von St. Alto. Wir gehen vor bis zur Straße und biegen dort nach rechts ab. Leider haben wir nun keine andere Möglichkeit, als auf dieser kleinen Straße vorsichtig, auf der linken Seite, etwa 700 Meter bis zum Ortseingang von Altomünster zu wandern. Ab dem Ortseingang nehmen wir den Fußgängerweg auf der rechten Straßenseite, dies ist die Asbacher Straße. An einer Hauptstraße angekommen, der Pippinsrieder Straße, wenden wir uns nach rechts und gehen weiter Richtung Kirche. Kurz vor der Ortsmitte biegen wir nach

links ab, in die Kirchstraße, gehen vorbei am Birgittenkloster und der Kirche St. Alto bis hin zum Rathaus am Marktplatz mit seinem wunderschönen Brunnen. Direkt vor uns liegt unser heutiges Ziel, der Maierbräu und seine Brauereigaststätte.

»Ja, und hier am historischen Marktplatz direkt vor dem Rathaus ist es mal wieder soweit: Meine kleine Freundin ist wieder da! Normalerweise prügele ich mich lieber mit meinen Artgenossen, aber hier? Schaut nur, wie süß!«

Die Brauereigaststätte
Der langgestreckte, zweigeschossige Satteldachbau der Brauereigaststätte ist das optisch beherrschende Element des Marktplatzes von Altomünster. In der bereits 1907 eingerichteten, holzvertäfelten Wirtsstube fallen sofort die schönen, von Generationen von Gästen glattgesessenen Bänke auf. Ebenso bemerkenswert ist die fast 90 Jahre alte Bemalung des Raumes. Insgesamt ist die Einrichtung mit viel Liebe zum Detail vor-

Öffnungszeiten

Montag	ab 09.00 Uhr
Dienstag	Ruhetag
Mittwoch	ab 09.00 Uhr
Donnerstag	ab 09.00 Uhr
Freitag	ab 09.00 Uhr
Samstag	ab 09.00 Uhr
Sonntag	ab 09.00 Uhr

Ferien: An Fasching und in der ersten Novemberwoche nach Allerheiligen

genommen worden. Einen herrlichen Ausblick bietet auch der Biergarten, und zwar auf den Marktplatz und die berühmte Kirche des Birgittenklosters, dessen romanische Basilika mit ihrem in der Höhe gestuften Chor in den Jahren 1763 bis 1773 durch den Architekten Johann Michael Fischer weitgehend umgebaut und erweitert wurde und noch heute die liturgischen Besonderheiten der Ordensregeln der Birgitten zeigt.

Die vom Pächterehepaar Christine und Toni Christl betriebene Brauereigaststätte bietet vorzügliche bayerische Küche, deren Hauptzutaten selbstverständlich aus der Region stammen. Alle Brotzeiten werden mit Bierbrot gereicht, einer mit Brauerei-Treber hergestellten Spezialität. Geliefert wird das Backwerk von Mair's Backstube, einer urigen Bäckerei, die sich in direkter Nachbarschaft zur Gaststätte befindet. Im Sommer gibt es eine spezielle »Bierspeisekarte«, deren Gerichte alle mit Bier zubereitet werden. Wer alle Biere des Maierbräu probieren und trotzdem noch fahr- und gehtüchtig bleiben will, dem sei das »Bierbrettl« mit sechs verschiedenen Sorten in 0,1 l-Gläsern empfohlen. Denjenigen, die lieber bleiben möchten, bietet der Gasthof mit 40 Betten auch sehr attraktive Übernachtungsmöglichkeiten.

Die Brauerei

Die Klosterbrauerei Altomünster erhielt 1496 durch Herzog Georg den Reichen die Braugerechtigkeit – dieses Datum markiert den Beginn des Brauwesens in Altomünster. Der Klosterbraumeister Michael Müller kaufte dem Kloster später die Brauerei ab, die trotz häufigen Besitzerwechsels bis ins 19. Jahrhundert als Müller-Brauerei bekannt war.

1886 erstand der Gastwirt Franz Xaver Maier aus Alberszell den heutigen Maierbräu mit Gasthof und Landwirtschaft. Die Brauerei befindet sich seitdem im Familienbesitz. Man

Die Biere

	Stammwürze	Alkohol
Zwicklbier naturtrüb	12,5 %	4,9 %
Export Hell	12,5 %	4,9 %
Alto Dunkel	12,5 %	4,9 %
Landler-Weiße	12,5 %	5,0 %
Landler-Weiße dunkel	12,5 %	5,0 %
Jacobi Pils Premium	12,5 %	4,9 %
Marsch-Maier Lagerbier	12,5 %	4,9 %

bei am Brauereigebäude mit seinen strahlenden Kupferkesseln folgen wir der Straße bis zu einem Bach. Direkt hinter der Brücke biegen wir nach rechts in die Halmsrieder Straße ein. Auf dieser wandern wir nun eine ganze Weile immer links des Bachlaufes entlang (ist auch des öfteren als Weg zur Alto-Quelle ausgeschildert). Am Ortsausgang treffen wir auf eine kleine Kreuzung, hier gehen wir geradeaus auf der Straße »Zum Altobrünnl« leicht bergan. In einer weiten Rechts-Links-Kurve (rechterhand passieren wir eine begehbare Sonnenuhr) erreichen wir dann auf dem Hügel einen Hof, der auf der linken Straßenseite liegt.

Direkt hinter dem Hof, an einer Ruhebank, biegen wir nach links auf den dortigen asphaltierten Wirtschaftsweg ab. Immer weiter führt uns der Weg durch Wiesen und Felder Richtung Waldrand und geht schließlich in einen Sandweg über. Vom Rande des Altoforstes folgen wir dem Weg weiter in einigen Kurven direkt in den dunklen Fichtenwald hinein. An einer Wegegabelung nehmen wir den rechten Pfad und an der gleich folgenden Kreuzung geht es geradeaus weiter auf dem für Reiter gesperrten Wanderweg. Zuerst durch einen

arbeitet nach dem Motto: »Der Tradition verpflichtet – dem Fortschritt offen«. In der mittlerweile modernen Brauerei wird mit einem geschlossenen System gearbeitet, lediglich für die obergärigen Weißbiere werden offene Gärbottiche verwendet. Im Jahre 2008 wurde in den alten Mauern ein neuer Lagerkeller in Betrieb genommen. Die Brauerei beliefert heute mit circa 30 Mitarbeitern rund 300 Kunden im Umkreis von 50 Kilometern zwischen München und Augsburg.

Der Rückweg

Vom Eingang des Maierbräu gehen wir nach links um das Haus herum und die Bahnhofstraße hinunter. Vor-

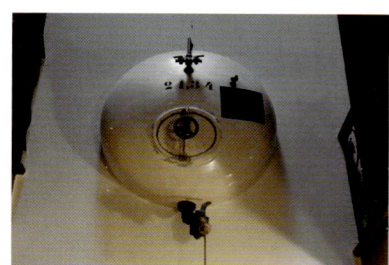

Fichtenwald und dann durch eine Fichten-Kiefern-Schonung, verläuft der Weg in Richtung eines Hochsitzes erst stetig bergab, dann in einer leichten Linkskurve wieder etwas hinauf und in den Wald hinein. An der nächsten Wegegabelung folgen wir unserem Weg halblinks und wandern auf leicht abschüssigem Terrain bis zu einer Wiese am Waldrand. Dort gehen wir im 90°-Winkel nach rechts und dann in einer Linkskurve hinauf in den Ort Rudersberg, zum Ausgangspunkt unseres heutigen Ausfluges.

»Ach, ich träum' immer noch von der kleinen Braunen in Altomünster. Hoffentlich ist es wirklich eine »Sie«, meine Zweibeiner waren sich da noch nicht ganz sicher! Was geht einem kleinen Hund da alles durch den Kopf! Ich werde es, vielleicht mit eurer Hilfe, herausbekommen und meine Alten muss ich nicht lange zu einem weiteren Besuch des Maierbräu überreden. So hat halt jeder seine Laster!«

Bierwanderung Nr. 10

Am Isarkanal entlang zum Erdinger Weißbräu!

Von Reisen am Isarkanal nach Aufhausen und Erding und durch die Altstadt und das Moos zurück.

Privatbrauerei Erdinger Weißbräu
Werner Brombach GmbH
Lange Zeile 1 + 3
85435 Erding

Tel. 08122 409-0
Fax 08122 409-115

www.erdinger.de

Von der Ortschaft Reisen am Isarkanal geht es zunächst auf dem Kanaldamm und unterhalb des Dammes nach Aufhausen und dann weiter bis in die ansprechende Altstadt von Erding, zum Erdinger Weißbräu. Über die »Lange Zeile« und später am Fehlbach entlang wandern wir zum Kronthaler Weiher und zurück nach Reisen.

Die Anfahrt mit dem PKW

Wir fahren von München aus auf der A9 Richtung Nürnberg, verlassen die Autobahn an der Anschlussstelle »Garching-Süd« und halten uns auf der B471 in Richtung Ismaning. Dann geht es links ab auf die B388 nach Erding, die wir kurz hinter Moosinning Richtung Notzing und Oberding verlassen. In Oberding biegen wir rechts ab nach Niederding und dort angekommen links nach Reisen. Wir parken in der Ortsmitte am Straßenrand oder biegen bereits hier nach rechts ab in die Fichtenstraße und parken dort vor dem Ende der asphaltierten Fahrstraße, wo unsere heutige Wanderung beginnt.

Der Hinweg

»Heute werden wir ungewöhnliche Sachen erleben! Wir gehen entlang eines Kanals, aus dem kaum ein »Seehund« jemals wieder lebend herauskommt, können auf Tauchfahrt gehen in einem ausgedienten Sauerkrautbottich und holen unser Geld nicht auf der Bank, sondern in einer Schranne ab. Merkwürdige Dinge lassen sich die Zweifüßler hier in dieser Gegend einfallen!«

Wir verlassen den Ort Reisen auf der Verlängerung der Fichtenstraße, einem Sand-Schotterweg, und gehen hier ein kurzes Stück geradeaus Richtung Isarkanal. Kurz vor dem Kanal folgen wir der Rechtskurve des Weges und gehen immer weiter geradeaus vorbei an den Feldern (rechts) und Buchen, Birken und Linden, die links am Kanaldamm wachsen. Vor der Brücke der Staatsstraße 2580 gehen wir links hoch auf den Deich und folgen dann dem schmalen Wiesenpfad nach rechts, unter der Brücke hindurch und immer weiter geradeaus. Rechts vor uns sehen wir den Zwiebelturm der Kirche von Niederding.

Hier ein Hinweis für Familien mit Kindern: Bitte achten Sie auf Ihre Kleinen, denn die Böschungen und Betoneinfassungen des Kanals sind relativ steil und es gibt hier kaum geeignete Ausstiegsmöglichkeiten! Die Artgenossen von Paul sollten in diesem Bereich auch unbedingt an der Leine bleiben, nicht nur wegen der Gefahren für ungeübte »Seehunde«, sondern auch, weil wir hier, besonders im Frühling, schon mal auf ein Nest kleiner Bodenbrüter oder auch ein mit Daunen perfekt gepolstertes Entennest stoßen.

Kurz vor der nächsten Brücke gehen wir hinunter auf den Parallelweg zum Damm und folgen diesem nach links, unter der Brücke hindurch und immer weiter geradeaus. Dies ist besonders im Sommer die angenehmere, weil schattigere Variante; man kann aber auch weiterhin oben auf dem Damm bleiben. Auch unter der folgenden Brücke gehen wir hindurch und folgen dem Kieselweg bis zu seinem Ende.

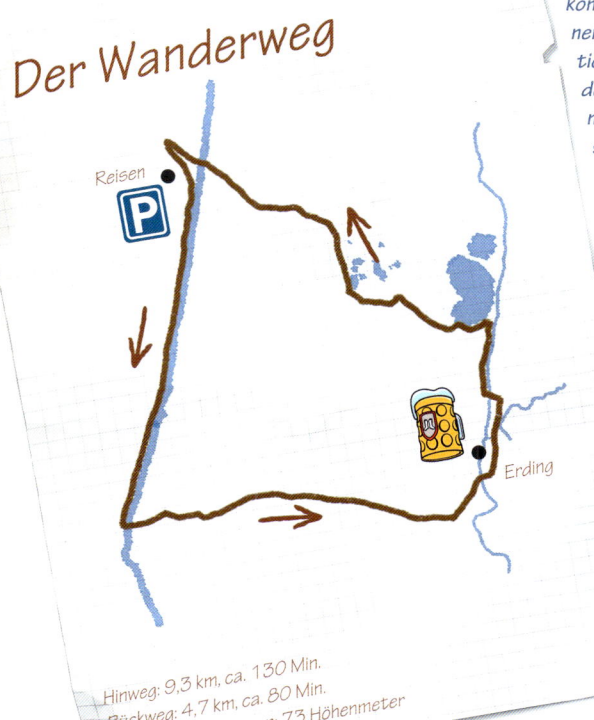

Der Wanderweg

Hinweg: 9,3 km, ca. 130 Min.
Rückweg: 4,7 km, ca. 80 Min.
Gesamte Steigungen: 73 Höhenmeter

Dort geht es wieder links auf den Damm hinauf und auf diesem nach rechts Richtung Aufkirchen. Unter überhängenden Birken, Wildkirschen und anderen Laubbäumen hindurch führt dieser wunderschöne Pfad immer am Kanal entlang, verläuft unter einer kleinen gesperrten Brücke hindurch bis hin zur großen Brücke bei Aufhausen.

Nur wenige Meter vor uns liegt ein Wehr mitsamt eines kleinen Wasserkraftwerks. Hier bei der Brücke steigen wir eine Treppe nach oben und biegen dort nach links ab auf den Fußgängerweg der Hauptstraße durch Aufkirchen. Wir folgen diesem Fußweg durch den ganzen Ort bis zum Hotel Mercure, das auf der linken Straßenseite steht.

Das Hotel bietet übrigens ein Erlebnis der ganz besonderen Art: In den acht Becken einer ehemaligen Sauerkrautfabrik, die insgesamt zwei Millionen Liter Wasser fassen, können Tauchsportler rund um die Uhr ihrem Hobby nachgehen. Es ist das größte Indoor-Tauchsportzentrum Europas, mit einer Unterwasser-Bar und dem Diver's World Restaurant.

»Furchtbar! Schon beim Begriff »Sauerkraut« dreht sich mir als Raubtier der Magen um, aber dann auch noch darin eintauchen? Vielleicht noch mit einer riesigen Schweinshaxe auf der Harpune und ein paar Knödeln im Neoprenanzug. Und dann unter Wasser an der Bar Weißbier schlabbern? Wie soll das funktionieren? Menschen können so abartig sein!«

Hinter dem Hotel geht es links ab, auf den asphaltierten Rad- und Fußweg Richtung Erding. Am Ende des Sträßchens rechts ab in die Christian-Johann-Straße, und später wieder an der Hauptstraße nach links, weiter auf dem abgesetzten Fuß- und Radweg. Der Weg führt über die Flughafentangente und vorbei an einer Reitschule, direkt in die Stadt Erding hinein. Wir folgen diesem teilweise ganz neu ausgebauten Weg nun circa 1,5 Kilometer über mehrere Kreuzungen und Kreisverkehre durch das weniger attraktive Gewerbegebiet Erding-West, das wir jedoch vor dem Beginn der wiederum sehr sehenswerten Altstadt von Erding durchqueren müssen. Schließlich gelangen wir am Rande der Innenstadt an eine Straßengabelung und gehen hier links in die Münchner Straße, bis hin zur Haager Straße, dort links und zum sehr sehenswerten Schrannenplatz.

Auf diesem Platz stand eine ehemals bedeutende Getreideschranne, eine Markthalle, in deren Gebäude

heute die Stadtsparkasse beheimatet ist. Der Schrannenplatz, auf dem bei der Neugestaltung vor

einigen Jahren auch ein großer Brunnen installiert wurde, ist umrahmt vom Frauenkircherl, dem Rathaus mit seinen vielen Wappenbildern und den auf der gegenüberliegenden Seite stehenden Bürgerhäusern. Nach links schwenken wir nun in die Lange Zeile, die »Flaniermeile« von Erding, ein. Gleich der erste Gebäudekomplex auf der linken Seite ist der Erdinger Weißbräu.

Die Brauereigaststätte
Mitten im alten Kern der Herzogstadt Erding steht das »Hotel und Restaurant zum Erdinger Weißbräu«, dessen Historie bis in das Jahr 1537 zurückreicht.

Herzstück des Hauses ist die Schwemme mit ihren massiven Holztischen und dem urbayerischen Ambiente. In der benachbarten Gaststube geben die hölzernen Deckenvertäfelungen und die bleiverglasten Fenster dem Raum sein besonderes Flair.

Der Besucher hat aber auch die Möglichkeit, das Spitzwegstüberl mit seinem wunderschönen Kamin, das Braumeister-Stüberl oder, besonders natürlich bei sonnigem Wanderwetter, den Biergarten direkt auf der Langen Zeile, vor dem Gasthaus zu

Öffnungszeiten	
Montag	09.00-24.00 Uhr
Dienstag	09.00-24.00 Uhr
Mittwoch	09.00-24.00 Uhr
Donnerstag	09.00-24.00 Uhr
Freitag	09.00-24.00 Uhr
Samstag	09.00-24.00 Uhr
Sonntag	09.00-24.00 Uhr
warme Küche	09.00-22.00 Uhr

nutzen. Die Speisekarte lässt kaum Wünsche offen und kann fast als ein Almanach traditioneller bayerischer Küche bezeichnet werden. Hier ist beinahe alles zu bekommen, was das bajuwarische Herz – aber auch das der »preißischen« Besucher – höher schlagen lässt.

Jungschweinsbraten gibt es zusammen mit geräuchertem Wammerl, Leberknödeln und Weinsauerkraut oder die Kombination aus Entenbraten, Schweinsbraten, Fleischpflanzerl und Nürnberger Rostbratwürsten mit

Kartoffelknödeln und Apfelrotkraut. Auch das Tellerfleisch vom Weiderind ist empfehlenswert oder das saure Kalbslüngerl mit Semmelknödel. Die Auswahl ist schier unerschöpflich und wird selbstverständlich durch diverse Brotzeiten und die Biere des Erdinger Weißbräus ergänzt.

Die Biere	Stammwürze	Alkohol
Erdinger Weißbier	12,4 %	5,3 %
Erdinger Dunkel	12,9 %	5,6 %
Erdinger Alkoholfrei	7,2 %	<0,5 %
Erdinger Leicht	7,8 %	2,9 %
Erdinger Kristall	12,4 %	5,3 %
Erdinger Pikantus	16,9 %	7,3 %
Erdinger Schneeweiße	12,9 %	5,6 %
Erdinger Champ	11,2 %	4,7 %
Erdinger Urweiße	12,6 %	5,2 %

dinger Weißbräu mit einem Ausstoß von weit über einer Million Hektolitern Weißbier pro Jahr die größte Weißbierbrauerei der Welt, eine der größten Privatbrauereien Deutschlands und exportiert in über 70 Länder der Welt.

Eine Führung durch die Brauerei ist nur nach Anmeldung im Besucherzentrum an der Franz-Brombach-Straße von 8.00 bis 11.30 Uhr oder per Telefon unter 08122 409-421 möglich. Führungen finden normalerweise dienstags bis freitags um 10.00, 14.00 und 18.00 Uhr statt und samstags um 10.00 und 14.00 Uhr. Der Preis beträgt pro Erwachsenem 10,00 Euro.

»Mein Alter musste natürlich mal wieder was ganz anderes probieren: Holländische Matjes mit Apfelsahne, Zwiebeln und Bratkartoffeln. Da dreht sich einem oberpfälzer Terrier schon der Magen um! Da soll er doch besser nach Norden zu den Muschelschubsern fahren, aber ihm hat es offenbar sehr gut geschmeckt!«

Die Brauerei

Als Gründungsjahr des Erdinger Weißbräus gilt das Jahr 1886, für das in Erding zum ersten Mal der Bau einer Brauerei urkundlich erwähnt wird. 1930 wird die Brauerei von einer Malzfabrik aus Hildesheim gekauft, ihr Geschäftsführer ist Franz Brombach. Fünf Jahre später übernimmt er die Brauerei und braut in den Anfängen circa 2500 Hektoliter Weißbier pro Jahr – ungefähr ein Drittel dessen, was heute zum Teil an einem einzigen Tag in Erding gebraut wird! Im Jahre 1965 tritt Werner Brombach, der heutige Brauereibesitzer, in das Unternehmen ein und erweitert und modernisiert den Betrieb in den folgenden Jahrzehnten kontinuierlich. 1983 wird schließlich eine komplett neue Brauerei vor den Toren Erdings in Betrieb genommen. Schon Ende des letzten Jahrhunderts ist der Er-

Der Rückweg

Wir verlassen den Erdinger Weißbräu und wandern nach links die Lange Zeile entlang. An deren Ende geht es weiter geradeaus auf der Straße »Am Gries«, bis wir an eine Vorfahrtstraße gelangen.

Dort gehen wir über die Straße, wenden uns nach links, überqueren den Fehlbach und biegen gleich hinter der Brücke wieder rechts ab auf einen schmalen Fußgängerweg, der parallel zum Bach verläuft. Am Ende dieses Weges geht es weiter geradeaus auf

überqueren schließlich wieder den Isarkanal und kehren zurück in den Ort Reisen und zum Ausgangspunkt unserer heutigen Wanderung in der Fichtenstraße.

der Franz-Xaver-Stahl-Straße, über die Josef-Herz-Straße hinweg und dann sofort nach links ab auf einen kleinen Fußweg zum Badesee »Kronthaler Weiher«. An der Uferstraße angekommen, laufen wir nach links weiter und gehen an der Stelle, an der die

Straße eine Linkskurve macht, geradeaus auf einem Schotterweg an einem kleinen Sägewerk vorbei. Später geht es an einem Wegedreieck auf dem linken Pfad weiter,

einen großen Linksbogen entlang und dann an der Siglfingerstraße rechts ab und weiter geradeaus, vorbei an einer Hühnerfarm, bis wir auf eine Hauptstraße treffen. Hier gehen wir nach rechts und folgen der Straße vorsichtig auf der linken Straßenseite für einige hundert Meter, bis nach links ein kleiner asphaltierter Wirtschaftsweg Richtung Reisen abzweigt.

Dieser wenig befahrenen Straße, auf der wir mehr Traktoren als Autos treffen, folgen wir immer geradeaus,

»Allaloa, da ich kanne heute nur sage mit große Meister Trappatoni: Was erlaube sich meine Alte? Gebe mir Schlafdecke mit Katze! Kann ich nicht drücke Auge zu! Bleibe müde und wache wie in übervolligte Biergarte! Ungeglaubelich!«

Bierwanderung Nr. 11

Auf den Riederstein am Tegernsee!

Von Tegernsee über den Riederstein hinunter zum Schloss am See mit dem Herzoglich Bayerischen Brauhaus Tegernsee samt seinem Bräustüberl.

Herzoglich Bayerisches Brauhaus
Tegernsee
Schlossplatz 1
83684 Tegernsee

Tel. 0802 18020

info@braustuberl.de
www.braustuberl.de

Von Tegernsee geht es über die alte Rodelbahn steil hinauf zum Galaun und zur Kapelle auf dem Riederstein. Anschließend wandern wir um den kleinen Tegernseer Berg über den Auerbauer hinunter zu Brauerei und Bräustüberl im Schloss direkt am See. Zurück geht es über den großen Paraplui und den Leeberghöhenweg zum Wanderparkplatz im Süßbachtal.

Die Anfahrt mit dem PKW

Von München aus fahren wir auf der A8 Richtung Salzburg/Innsbruck. Wir verlassen die Autobahn an der Ausfahrt 97 und wechseln auf die B31 Richtung Holzkirchen/Tegernsee/Bad Wiessee. Nach 17 Kilometern endet die B31 und für uns geht es weiter geradeaus auf der B307 Richtung Tegernsee. Wir fahren durch Tegernsee hindurch und biegen am Ende des Ortes nach links auf die Riedersteinstraße ab. Dieser folgen wir in mehreren Links-Rechtskurven bis an ihr Ende und parken dort auf dem Wanderparkplatz Riederstein.

Der Hinweg

»Ja Bussi, Bussi, heut' geht's zu meinen Schicki-Micki-Hundedamen ins Bräustüberl nach Tegernsee. Ich freu' mich schon so riesig auf die gepflegten Mädels mit all den teuren Accessoires – und mein Alter vielleicht erstmals weniger auf das Bier als auf die Hundefrauchen! Aber fürs erste haben meine verrückten Menschen einen Weg über hohe Berge und Gipfelkapellen geplant. Es wird heute sehr anstrengend – also hinein in feste Bergschuhe und aufi!«

Vom Riedersteinparkplatz gehen wir auf dem sehr gut ausgeschilderten Weg T3 über die alte Rodelbahn Richtung Riederstein und Berggasthaus Riederstein am Galaun. Es geht recht steil bergan durch Buchen und Mischwälder, aber in regelmäßigen Abständen laden Ruhebänke zu einer kurzen Verschnaufpause ein. Von dort haben wir immer wieder herrliche Ausblicke auf die umliegenden Berge, auf den Tegernsee, auf Rottach-Egern und den Ort Tegernsee.

Oben am Gasthaus Riederstein am Galaun angekommen, überwinden wir erst einmal den inneren Schwei-

nehund, verzichten jetzt auf das erste Weißbier und folgen dem ebenfalls gut ausgeschilderten Weg zur Kapelle auf dem Riederstein. Der steile Weg führt über hunderte von Treppenstufen in vielen Kehren vorbei an den Tafeln des Kreuzweges; wir brauchen etwa eine Viertelstunde hinauf zur Kapelle. Hier genießen wir eine atemberaubende Panoramaaussicht auf die Berge, den See und die unter uns liegende Bergwirtschaft am Galaun.

Der Wanderweg

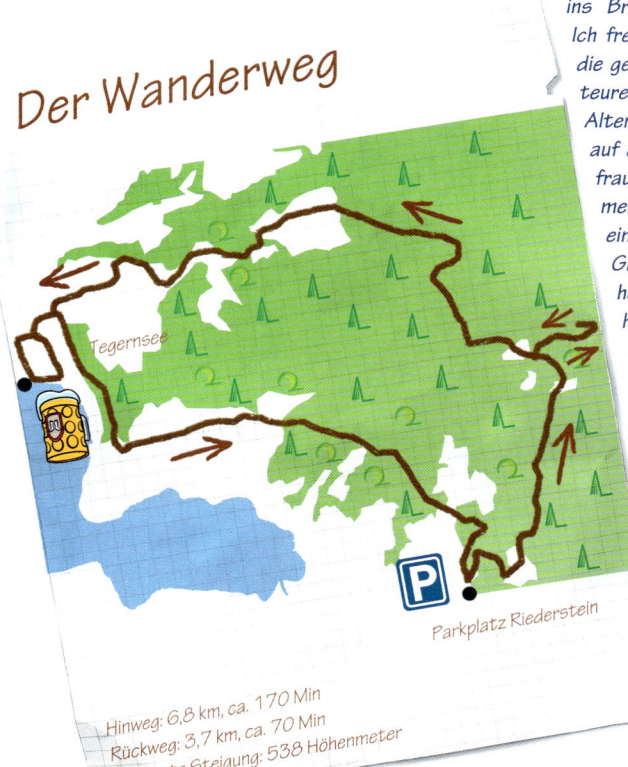

Hinweg: 6,8 km, ca. 170 Min
Rückweg: 3,7 km, ca. 70 Min
Gesamte Steigung: 538 Höhenmeter

»Da kann einem kleinen Hund schon ganz schwindlig werden, so kurz vor dem Abgrund! Aber auch meinen Alten geht es nicht ganz gut: Sie hecheln nach dem Anstieg mehr als ich im Sommer bei 35° C!«

Nun geht es erst einmal wieder über die Treppenstufen zurück zum Berggasthaus auf dem Galaun. Dort angekommen, könnten wir eine erste Rast einlegen. Vor allem die wunderschöne Terrasse des Wirtshauses lädt ein auf ein erstes Bier, eine deftige Brotzeit oder gar eine üppige Dampfnudel mit Vanillesoße.

Die Brauereigaststätte
Das Bräustüberl Tegernsee zählt im Süden Bayerns sicherlich zu DEN Institutionen unter den Brauereigaststätten. Kaum ein freistaatlicher Politiker, Schauspieler, Sänger oder sonstiger Medienstar, der nicht schon einmal seine Spuren hier hinterlassen hätte – halt die ganze Bussi-Bussi-Schickeria der Landeshauptstadt. Das Bräustüberl ist »in«!

lage und gehen die kleine, schmale Karl-Stieler-Straße Richtung Ortsmitte und See weiter. An einer Querstraße angekommen, wechseln wir nach links und kommen jetzt bereits direkt auf das Herzoglich Bayerische Brauhaus zu. Noch ein paar Meter gehen wir anschließend auf der Hauptstraße nach rechts und biegen dann links direkt zum Bräustüberl ab.

»Wie ihr auf dem Bild seht, habe auch ich heute mein »Diva-Shirt« anlegen dürfen! Aber nur im Bräustüberl – nicht im Wald! Ich bin schon sooooooo gespannt auf die ganzen Hunde-Society-Puppi-Sternchen!«

Danach geht es weiter auf dem Weg T3 bergab in Richtung Auerbauer/Tegernsee. Zuerst recht steil und später flacher werdend, führt uns der breite Waldweg durch ausgedehnte Buchen-Fichten-Mischwälder. Im Wald kommen wir an ein großes Wegkreuz und wandern hier weiter geradeaus Richtung Tegernsee/Auerweg. Wir gehen jetzt durch einen Mischwald weiterhin bergab und folgen der Markierung T3 geradeaus, über den Auerweg und die Schießstätte bis hinunter nach Tegernsee. Unten im Ort angekommen passieren wir eine größere Hotelan-

Öffnungszeiten

Montag	9.00-23.30 Uhr
Dienstag	9.00-23.30 Uhr
Mittwoch	9.00-23.30 Uhr
Donnerstag	9.00-23.30 Uhr
Freitag	9.00-24.00 Uhr
Samstag	9.00-24.00 Uhr
Sonntag	9.00-23.30 Uhr
Heiligabend	9.00 – 16.00 Uhr
Silvester	9.00 – 16.00 Uhr
Neujahr	ab 11.00 Uhr

Schmankerln wird hier in hervorragender Qualität serviert. Der Gast hat die Qual der Wahl, das Repertoire reicht dabei von der halben, ofenfrischen Schweinshaxn, dem Bierbratl mit Kartoffel-Gurkensalat, herrlichen Brotzeiten bis hin zu hausgemachten Apfelkiacherln. Ganz zu schweigen von den Bieren der herzoglichen Brauerei! Ein ganz besonderer Blickfang ist die Kleidung der Bedienungen: Den Almrock gibt es hier zu bewundern, eine gestreifte Sennerinnen-Tracht, die im Bräustüberl schon seit mehr als 50 Jahren zum Pflichtprogramm der Damen gehört. Man kann es kaum besser formulieren als der Heimatkundler Hans Sollacher, der einst sagte, dass die Bräustüberl-Bedienungen nicht zuletzt wegen ihrer Kleidung bis heute »Gott sei Dank keine dantschig aufgemascherlten Servier-Trutscherl« seien. Schau'n Sie selbst!

Aber auch für den weniger berühmten Wanderer hat diese Gastwirtschaft in ihren urgemütlichen Stuben und im Biergarten vor dem Schloss, direkt am Ufer des Tegernsees, sehr viel zu bieten. Die ganze Palette bayerischer

Die Brauerei

Das Herzoglich Bayerische Brauhaus Tegernsee trat die Nachfolge einer schon um 1050 gegründeten Bierbrauerei des Benediktinerklosters

Tegernsee an – wenn die Überlieferungen stimmen, die jedoch nicht ganz präzise sind. In jedem Falle ist es eines der ältesten Brauhäuser der Welt. Im Jahre 1817 erwarb dann der bayerische König Max I. Joseph das säkularisierte Kloster samt der Brauerei, die seitdem lange Zeit »Königlich braunes Brauhaus Tegernsee« hieß. Erst später unter Wittelsbacher Familienbesitz erhielt sie ihren heutigen Namen, »Herzoglich Bayerisches Brauhaus«. Sie ist noch immer in Familienbesitz und wird heute von Herzogin Maria Anna, einer Tochter des Herzogs Max in Bayern, geleitet.

Die immer wieder modernisierte Brauerei stellt heute unter anderem das Tegernseer Hell, Tegernseer Spezial und Tegernseer Dunkel sowie ein Tegernseer Leicht nach traditioneller

Art her. Erhältlich sind die Biere hauptsächlich im Landkreis Miesbach, aber auch in einigen wenigen Szenelokalen Münchens und Berlins.

Der Rückweg

Aus dem Bräustüberl wenden wir uns nach links zum See und gehen dann um das Schloss herum, vorbei am Schlossmuseum. An der Hauptstraße angekommen (B307) geht es einige Meter nach links und dann wieder rechts ab, in die uns schon bekannte Karl-Stieler-Straße. Von hier aus ist unser Rückweg, der »Leeberghöhenweg«, bestens ausgeschildert. Wir gehen die Straße circa 200 Meter bergan und biegen dann vor dem Hotel rechts ab, gemäß der Wegmarkierung »Leeberghöhenweg«. Erst ist der Weg noch asphaltiert, geht dann bald in einen Waldweg über und in schöne Mischwälder hinein. Auch hier haben wir immer wieder eine wunderschöne Aussicht auf den See, die Ortschaften im Tal und die umliegenden Berge. An den nächsten Wegegabelungen folgen wir jeweils dem unteren, rechten Weg. Schon bald erreichen wir das Denkmal des Heimatdichters Karl Stieler, gehen dort nach links und oberhalb des Denkmals sofort wieder auf den Wanderweg nach rechts, dem wir immer weiter geradeaus folgen. Lange laufen wir auf diesem Wanderweg bis zu einem Wegedreieck und folgen dort dem ausgeschilderten Weg Richtung Schweighof/Rottach bis zum Parkplatz und Ausgangspunkt unserer heutigen Wanderung.

Die Biere

	Stammwürze	Alkohol
Tegernseer Hell	11,5 %	4,8 %
Tegernseer Spezial	13,3 %	5,6 %
Tegernseer Dunkel Export	12,8 %	5,5 %
Tegernseer Leicht	ca. 7,5 %	2,8 %

»Schee war's! Anstrengend war's! Nur die Bussi-Hundemädels haben nicht ganz das gehalten, was ich mir so von ihnen versprochen hatte. Naja, die menschliche Klatschpresse übertreibt wohl immer maßlos! Auch in Tegernsee und Rottach-Egern ist eine Hundedame halt nur eine Hundedame und kein Star – und das ist gut so!«

Bierwanderung Nr. 12

Zur Schlossbrauerei Grünbach!

Durch Wälder, Wiesen und vorbei am Golfplatz zur Schlossbrauerei.

Schlossbrauerei Grünbach
Inhaber Alexander Noll
Kellerberg 2
85461 Grünbach

Tel. 08122 41007
Fax 08122 41009

info@schlossbrauerei-gruenbach.de
www.schlossbrauerei-gruenbach.de

Von der Kirche in Eschlbach aus geht es durch ein Waldgebiet über den Weiler Hammerthal und einen Golfplatz zur Schlossbrauerei Grünbach. Zurück führt unser Weg, vorbei an Feldern und Wiesen und dem Örtchen Oppolding, wieder nach Eschlbach.

Die Anfahrt mit dem PKW

Wir fahren von München aus auf der A9 Richtung Nürnberg/Flughafen München/Arena, verlassen die Autobahn an der Ausfahrt 71 »Garching-Süd/Ismaning« und biegen hier rechts ab auf die B471. Nach rund 3,5 Kilometern geht es halbrechts auf die Auffahrt zur B388 nach Erding und Taufkirchen. Wir fahren nun auf dieser Bundesstraße 31 Kilometer weiter, passieren dabei bereits unser heutiges Ziel Grünbach und biegen etwa drei Kilometer hinter Grünbach nach rechts ab auf die Kreisstraße ED15 nach Eschlbach. Im Ort parken wir auf der linken Straßenseite, unten bei der Ortskirche.

Der Hinweg

»Also, ich kann euch nur sagen, so gewisse Probleme, die euch Zweibeiner oft plagen, haben wir Hunde auch. Über den Winter fallen die Wanderungen mit meinen Alten natürlich kürzer aus. Naja, und dann dieses viele und fette Essen an den Feiertagen. Das geht auch an meiner, sonst so makellosen Figur nicht spurlos vorbei, aber ich habe gehört, dass wir bei unserem heutigen Gang an einer Sportanlage vorbeikommen. Wer weiß, vielleicht ist das ja was für mich?«

Wir gehen das asphaltierte Sträßchen weiter, an dessen Rand wir unterhalb der Kirche geparkt haben. Direkt nach dem Gotteshaus müssen wir erst 90° nach rechts und sofort wieder 90° nach links abbiegen, um dann bergan durch Felder Richtung Wald zu marschieren. Nach Erreichen des Waldrandes verläuft der Weg weiterhin ansteigend zunächst durch einen lichten Eichen-, Buchen-, Birkenwald, später dann durch einen Fichtenwald.

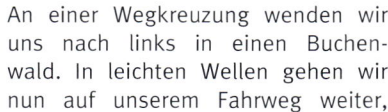

An einer Wegkreuzung wenden wir uns nach links in einen Buchenwald. In leichten Wellen gehen wir nun auf unserem Fahrweg weiter,

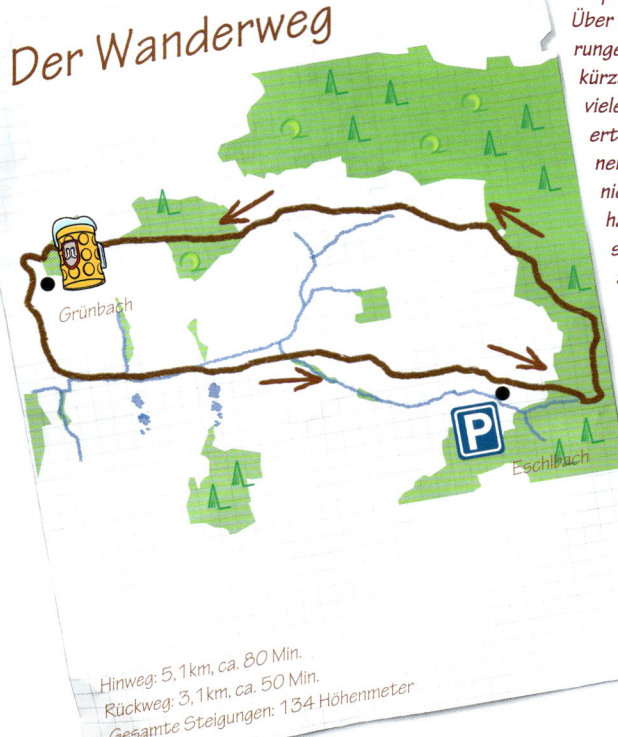

Der Wanderweg

Hinweg: 5,1 km, ca. 80 Min.
Rückweg: 3,1 km, ca. 50 Min.
Gesamte Steigungen: 134 Höhenmeter

bevor wir in einer langgezogenen Linkskurve durch einen Fichtenbestand wandern. Danach wechseln sich Fichten, Buchen, Birken und Eichen am Wegrand ab. Wir gehen jetzt weiterhin geradeaus, auch an der Stelle, an der ein größerer Fahrweg von rechts auf unseren einbiegt. Am Waldrand macht unser Weg eine Links-Rechtskurve und verläuft dann eine Weile entlang des Waldes, der auf unserer rechten Seite liegt.

»Bisher habe ich noch keine Sportmöglichkeiten entdecken können. Aber naja, wenn ich ehrlich bin, habe ich ja auch gar keine Zeit für irgendwelche sportlichen Aktivitäten, schließlich muss ich ja für euch diese Wanderbücher schreiben. Ach ja, manchmal denke ich mir schon: Hättest du doch was Vernünftiges gelernt, wärst du doch damals auf die Hundeschule gegangen.«

Schließlich verlässt der Weg den Waldrand und wir gehen weiter über einen winzigen Hügel in den kleinen Weiler Fertein. Dort überqueren wir die Hauptstraße und folgen dem Radweg 6 »Rund um Grünbach« in Richtung Hammerthal. Auf einem asphaltierten Sträßchen lassen wir den Weiler Fertein hinter uns und

bewegen uns vorbei an Wiesen und Feldern bis zum Weiler Hammerthal. Das Sträßchen geht hier in einen Schotterweg über, auf dem wir uns weiter geradeaus halten. An der gleich folgenden Wegegabelung wählen wir die linke Möglichkeit und marschieren durch Wiesen, leicht bergauf, Richtung Waldrand. Dann führt unser Weg durch ein Fichtenwäldchen und später vorbei an einer Schonung, bis wir auf der linken Seite den Golfplatz Grünbach entdecken.

»Ah, das wäre also die Sportmöglichkeit! Naja, eigentlich schon wirklich schön so ein Golfplatz, wenn nur die Menschen, die ihn

benutzen, nicht so viele geschwollene Reden führen würden. Die ganzen Unterhaltungen über Gott und die Welt scheinen viel wichtiger als die sportliche Bewegung zu sein! Andererseits könnte ich da schon mithalten, ich meine, ich hab' kein Hundeabitur, aber schlau daherreden kann ich auch. Außerdem hab' ich es dank meiner Berühmtheit mittlerweile ja auch zu 'nem schicken Halsband und 'ner soliden Hundehütte gebracht.«

Wir wandern auf unserem Weg weiter, durch den Golfplatz, der sich jetzt zu beiden Seiten des Weges erstreckt.

Öffnungszeiten

Montag	nur bei Vorbestellung
Dienstag	nur bei Vorbestellung
Mittwoch	nur bei Vorbestellung
Donnerstag	ab 18.00 Uhr
Freitag	ab 18.00 Uhr
Samstag	ab 18.00 Uhr
Sonntag	11.30-14.30 und 17.30-21.30 Uhr
Feiertag	11.30-14.30 und 17.30-21.30 Uhr

äußeren Bedingungen dagegen bietet sich ein Platz in der Grünbacher Schlossbräu-Stub'n an. Diese ist mit altem Mobiliar eingerichtet, zahlreiche Wandbemalungen verleihen den Räumlichkeiten zusätzlichen Charme. Neben sämtlichen Weißbierspezialitäten der Schlossbrauerei Grünbach, die hier natürlich erhältlich sind, erwartet den Bierwanderer ein abwechslungsreiches Angebot an Speisen. Zur Auswahl stehen je nach Saison zum Beispiel eine Rehschulter mit Rotwein-Pfeffersoße, eine Ente vom Spieß, oder auch gefüllte Kalbsbrust mit Bockbiersoße. Alle verwendeten Gemüsesorten und Kartoffeln stammen von einem Bauern aus dem nahen Moosinning, es wird viel Wert gelegt auf Qualität und Frische der Produkte. Auch die Gastlichkeit kommt nicht zu kurz bei den sehr netten Wirtsleuten Christine Stoiber und ihrem Mann Fritz, der übrigens in der Küche selbst das Regiment führt.

Die Brauerei
Zwar ist Grünbach ein sehr kleiner Ort, trotzdem ist er weit über die Grenzen des Landkreises Erding hinaus bekannt, zumindest in Kreisen des Brauwesens und der Weißbierfreunde. Aber fangen wir mit der

Es geht nun vorbei am Clubhaus, ab hier wieder auf einer asphaltierten Straße, und steil bergab durch einen Wald bis in den Ort Grünbach. An der Querstraße, die wir nun erreichen, gehen wir nach links und dann liegen das Bräustüberl mitsamt Biergarten und die Schlossbrauerei Grünbach auch schon auf der linken Seite vor uns.

Die Brauereigaststätte
Besonders einladend ist bei sonnigem Wetter der gemütliche kleine Biergarten. Bei nicht so optimalen

Gründung der Brauerei an. Es ist nicht exakt bekannt, auf welches Jahr diese datiert werden kann. Aus historischen Quellen geht jedoch hervor, dass sie bereits um das Jahr 1550 existiert haben muss. Überregional geriet sie aber erst gegen Ende des 18. Jahrhunderts ins Blickfeld, als sie sich im Besitz des bayerischen Ministers Graf von Seinsheim befand. Allerdings nicht wegen ihres Besitzers, sondern vielmehr aufgrund ihres Braumeisters Benno Scharl, nach dem auch eines der heutigen Biere benannt worden ist. Er war einer der bedeutendsten bayerischen Braumeister, unter dem sich die Schlossbrauerei Grünbach zu einer der modernsten und fortschrittlichsten Brauereien der damaligen Zeit entwickelte. Benno Scharl war es auch, der das bis dato so sorgfältig gehütete Braugeheimnis seiner Vorgänger allen zugänglich machte, indem er seine Brau- und Sudrezepte aufschrieb und veröffentlichte. Heute wird in Grünbach ausschließlich Weißbier gebraut. Das Malz besteht zu etwa 60 Prozent aus Weizen und zu ungefähr 40 Prozent aus Gerste. Außerdem ist anzumerken, dass sich die Grünbacher Weißbiere durch ein eher mildes Hopfenaroma auszeichnen und dass ausschließlich brauereieigene

Die Biere

	Stammwürze	Alkohol
Altweizen Gold	12,8%	5,3%
Altweizen Dunkel	12,8%	5,3%
Benno Scharl Braumeister Weizen	12,8%	5,3%
Schloßtaler	7,5%	2,7%
Prinzen-Bock	17,0%	7,3%
Green Flash	12,8%	5,3%

Hefestämme eingesetzt werden. Führungen durch die Brauerei sind möglich, allerdings nur nach telefonischer Voranmeldung unter 08122 41007.

Der Rückweg

»Also während ich hier so im Biergarten gelegen bin, habe ich mir überlegt, dass dieses Golfspielen mir ja eh nichts bringen würde, was meine Figurprobleme betrifft. Aber was soll ich bloß machen, vor allem im Winter? Naja, vielleicht kann ich ja meine Alten überreden, zum Beispiel zu »Bierlanglaufloipen rund um …«. Oder wir gehen auf die Südhalbkugel, wo ja um Weihnachten rum Sommer ist und machen so was wie »Bierwanderungen rund um Rio«. Also ich hätte da schon Ideen, aber jetzt gehen wir erstmal heim.«

Wir verlassen die Brauereigaststätte, wenden uns nach links und laufen direkt auf den großen, weiß-blauen Maibaum und einen Dorfbrunnen zu. Vor dem Maibaum gehen wir rechts, die Graf-Seinsheim-Straße entlang, vorbei an der Kirche und direkt danach links ab Richtung Oppolding. Am Ortsausgang wandern wir weiter geradeaus. Wir passieren die Ortschaft Oppolding, die zu unserer rechten Seite liegt, mitsamt ihrer schönen Kirche.

Nur wenige Meter nach dem Ort verläuft das asphaltierte Sträßchen in einen unbefestigten Wirtschaftsweg, auf dem wir weiter geradeaus marschieren. In langen Windungen geht es nun durch Felder leicht bergan und dann wieder bergab nach Eschlbach. Hier geht nun unser Wirtschaftsweg im Ort wieder in eine asphaltierte Straße über. Dieser folgen wir durch den Ort bergab in Richtung der Kirche. Wir überqueren die ED15 und gehen noch ein paar Meter weiter bis zur Kirche und damit dem Ausgangspunkt unserer heutigen Wanderung.

»Die Gegend hier ist wirklich schön, aber das war ja heute mit nur gut acht Kilometern Länge gerade mal ein Bierspaziergang für mich. Hilft also in Sachen Abnehmen nicht so viel. Das heißt, ich muss weiter am Ball bleiben mit meinen Ideen. Wenn ich dann mal alt bin und einen Band rausgeben kann mit dem Titel »Pauls Bierwanderungen rund um die Welt«, dann hab ich bestimmt 'ne Figur wie ein Topmodel!«

Bierwanderung Nr. 13
Auf zu Brauerei und Gasthof Gut Forsting!
Von Unterübermoos durchs Rieder Filz zur Brauerei Gut Forsting und später über Pfaffing zurück.

Brauerei Gut Forsting e.G.
Münchner Straße 23
83539 Forsting

Tel. 08094 1011
Fax 08094 8178

info@brauerei-forsting.de
www.brauerei-forsting.de

Von der wunderschönen, romanischen Kirche St. Margaretha in Unterübermoos geht es erst entlang der Attel und dann durch abwechslungsreiche Moorlandschaften des Rieder Filz über Unter- und Übermoos zur Brauerei Gut Forsting und der Brauereigaststätte mit großem Biergarten und eigener Metzgerei. Zurück führt uns der Weg durch ausgedehnte Wälder und auf Feldwegen nach Pfaffing und dann über einen Baumlehrpfad wieder zum Ausgangspunkt.

Die Anfahrt mit dem PKW

Von München aus fahren wir auf der B304 in Richtung Salzburg bis zum Ort Forsting. Nachdem dieser durchquert ist, geht es rechts ab Richtung Pfaffing. Wir folgen dieser Straße bis zum Weiler Ried und biegen danach links Richtung Wasserburg am Inn ab. Bereits wenige Meter weiter geht es wieder rechts ab nach Oberübermoos und schließlich nochmals rechts auf eine sehr schmale Straße nach Unterübermoos. Wir parken dort in der Nähe der Kirche am Wiesenrand.

Der Hinweg

»Gott sei Dank ahnen meine Alten noch nichts von meinem heutigen Plan! Schon oft habe ich die Menschen von den heilenden Kräften eines Moorbades reden hören. Heute will ich es endlich ausprobieren und bei meinem strahlend weißen Fell stelle ich mir auch die optische Wirkung katzengeil vor! Schaun mer mal!«

Wir gehen den kurzen Weg zum Eingangstor des Kirchhofes von St. Margaretha und besichtigen diese wunderschöne Kirche. Sie zählt zu den vier ältesten Gotteshäusern in Bayern. Der romanische Bau, der in der Spätgotik einen neuen Chor erhielt und im 18. Jahrhundert verändert wurde, steht angeblich auf römischen Grundmauern – archäologisch ist dies aber bisher nicht bewiesen. Nach der Besichtigung verlassen wir den Kirchenhof an der Rückseite beim Friedhof durch das kleine Hintertor. Wir gehen nach rechts und an den Fischteichen vorbei leicht bergab. Unten angekommen biegen wir nach rechts auf einen schmalen Waldweg ein und überqueren dann auf einer Fußgänger-Holzbrücke die Attel. Wir folgen diesem Weg immer weiter am Bachlauf entlang, vorbei an der sehenswerten Naturschutzhütte »Im Austadl« mit ihrem Holzdrachen. Danach geht es dann im Wald kurz bergauf und später weiter geradeaus am

Waldrand entlang. Schließlich macht der Weg eine 90°-Biegung nach links, nach rund 50 Metern wieder nach rechts und führt nun durch Felder direkt auf die Höfe von Steinhart zu.

Wir wandern durch den Weiler bis zu einer kleinen Straße und dort rechts ab. An der Hauptstraße angekommen, gehen wir wieder nach rechts und auf dem Fußgängerweg bergab. Unten müssen wir dann nochmals auf einer Brücke über die Attel und biegen

danach gleich links ab Richtung Golfplatz. Kurz darauf erreichen wir den Ort Köckmühle. Wir folgen der kleinen, wenig befahrenen Straße immer weiter geradeaus und gehen dabei mitten durch den großen Golfplatz. Nach einem knappen Kilometer erreichen wir den Weiler Fassrein, noch ein kleines Stück geht es geradeaus und dann an einer Bushaltestelle rechts ab Richtung Filzen – Gmain – Perach – Neuhäusl – Gänsreit.

Nach rund 400 Metern, auf der Hügelkuppe, geht es nochmals rechts ab Richtung Filzen – Neuhäusl – Gänsreit. Nun verläuft der Weg lange geradeaus, erst durch Felder und später durch einen Fichtenwald. Ab dem Waldrand geht die kleine asphaltierte Straße in einen Schotterweg über. Kurz nach dem Ende des Waldes erreichen wir Filzen und wandern an einem Wegedreieck nach links weiter. Diesem Weg folgen wir nun recht lange immer geradeaus durch das Rieder Filz. Der Weg durch das Moor ist gesäumt von Birken und Erlen, die Wiesen weisen die typische Moorflora auf, und in den tiefen Gräben neben dem Weg steht dunkelbraunes Torfwasser. Nach einer Weile biegt unser breiter Schotter-Sandweg scharf nach rechts ab, gleich danach geht es wieder 90° nach Links und nochmals nach rechts ab auf ein kleines Birkenwäldchen zu. Es folgt noch eine Rechts-links-Kombination, aber wir bleiben nun immer auf unserem Hauptweg, der in vielen Windungen durch die abwechslungsreiche Landschaft des Rieder Filzes führt.

»Jetzt ist mein großer Moment gekommen. Nur wenige Sekunden sind meine Alten mit sich selbst beschäftigt. Ein mutiger Satz in einen der großen Gräben am Wegesrand und ich stecke tief in der schwarzbraunen Masse. Ein Moorbad, wie ich es mir schon lange erträumt hatte. Ein gellender Schrei meiner Alten erschüttert mich kaum! Das Moor hat eine sehr beruhigende Wirkung auf mich. Und die neue Farbe an Bauch und Beinen finde ich im Gegensatz zu meinen Menschen auch sehr schick, aber hier scheiden sich die Geister!«

Etwa einen Kilometer weiter sehen wir auch schon den Ort Forsting mit seinem Kirchturm und natürlich dem Schornstein der ersehnten Brauerei.

An einem Querweg angekommen, biegen wir links ab und wandern durch den Weiler Untermoos. Der Weg geht jetzt wieder in eine schmale, asphaltierte Straße über und führt immer weiter geradeaus, über Obermoos

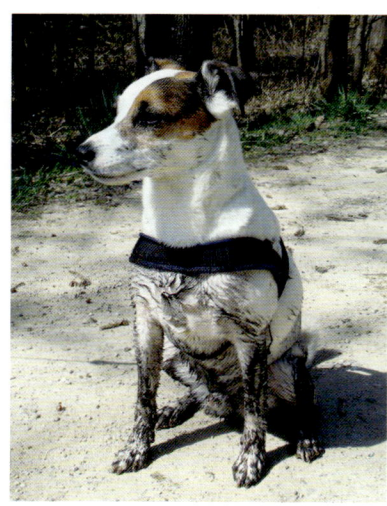

bis hin in den Ort Springlbach, von dem aus der Brauereigasthof bereits gut ausgeschildert ist. Wir gehen nun vorbei an einigen Fischteichen, deren »Bewohner« wir gleich in der Gaststätte wieder treffen können. Im Ort geht es rechts ab und dann auf der Forstinger Straße geradeaus, direkt auf die Brauerei und ihre Gaststätte zu.

Die Brauereigaststätte

Der Brauereigasthof Gut Forsting, direkt an der B304 von München nach Salzburg gelegen, befindet sich in einem sehenswerten, bereits 1670 errichteten, barocken Gebäude mit zwei markanten Mansardwalmdächern. Der Gast hat die Wahl zwischen einer gemütlichen Gaststube, dem Fürs-

Öffnungszeiten	
Montag	07.00-24.00 Uhr
Dienstag	07.00-24.00 Uhr
Mittwoch	Ruhetag
Donnerstag	07.00-24.00 Uhr
Freitag	07.00-24.00 Uhr
Samstag	07.00-24.00 Uhr
Sonntag	07.00-24.00 Uhr

tenzimmer, dem Nebenzimmer, einer Schanknische, oder speziell im Sommer einem herrlichen Biergarten, für die Kleinsten auch mit Kinderspielplatz. Wer hier übernachten möchte, dem stehen auch 25 geschmackvoll eingerichtete Einzel- und Doppelzimmer zur Verfügung. Die Speisekarte lässt kaum Wünsche offen und bietet hauptsächlich eine traditionelle bayerische Küche mit frischen Zutaten aus der Region. Vieles stammt aus der eigenen Metzgerei, so wird eine stets gleichbleibend hohe Qualität garantiert. Jeden ersten und dritten Donnerstag lädt die Pächterfamilie Luber zum Beispiel zu einem opulenten Ochsenfleischessen ein. Auf der stets wechselnden Karte lassen sich unter anderem die Lammleber mit Gemüse und Kartoffelpüree, ein Ochsenkotelett vom Grill, Austernpilzpfannkuchen oder frische Forellen aus dem eigenen Brauereigewässer in Springlbach finden. Für die »süßen Wünsche« gibt's zwei Heidelbeerpfannkuchen mit Vanilleeis und Sahne oder einen Topfenstrudel mit frischen Früchten.

Privatbrauerei, die viele Jahre als »Fürsten-Bräu« bekannt war. Im Jahre 1916 ging der Betrieb in eine Genossenschaftsbrauerei über. Heute sind rund 40 Mitglieder an der mit geschlossenem System arbeitenden Brauerei beteiligt, die ihre acht Biersorten überwiegend in einem Radius von 30 Kilometern um die Brauerei herum an Gaststätten

Der Rückweg
Aus dem Gasthof oder Biergarten kommend gehen wir nach rechts und folgen der Hauptstraße B304 einige hundert Meter auf der rechten Seite, auf dem abgetrennten Fußgängerweg. Kurz nach einer Tankstelle biegen wir nach rechts ab, Richtung »Gewerbegebiet Forsting-Ost«, direkt hinter der folgenden Linkskurve dieser Straße geht es dann nach rechts Richtung Wald. Am Waldrand treffen wir auf eine Wegegabelung und wählen den linken Weg, der nun eine

Die Brauerei
Die Geschichte der heutigen, erst 2003 komplett neu erbauten und sehr modernen Genossenschaftsbrauerei geht bis auf das Jahr 1871 zurück. Damals gründete der Land- und Ökonomierat Martin Schmidramsl eine

Die Biere

	Stammwürze	Alkohol
Export Hell	12,0%	5,2%
Weißbier	12,0%	5,0%
Dunkel	12,5%	5,4%
Xamax-Lager	11,5%	4,8%
Pils	12,0%	5,0%
Dunkler Doppelbock	18,0%	7,8%
Kirtabier	13,0%	5,4%
Weihnachtsbier	13,0%	5,4%

und den Einzelhandel vertreibt. Führungen durch die Brauerei sind nach Anmeldung unter 08094 1011 oder info@brauerei-forsting.de stets möglich. Den Höhepunkt jedes Jahres stellt am jeweils letzten Augustwochenende der Bräu-Kirta dar, dann finden am Freitag Kabarett-Darbietungen statt, am Sonntag das Braufest und am folgenden Montag das traditionelle Kesselfleischessen.

Weile geradeaus durch Buchen- und Fichtenwälder verläuft. An der nächsten Gabelung gehen wir den rechten Weg weiter geradeaus und später an einer weiteren Gabelung den linken Weg, ebenfalls geradeaus. Wir wandern dann in einer Kurve um eine kleine Hofstelle herum und weiter durch Wiesen und Felder. Bei klarer

Sicht haben wir von hier eine herrliche Aussicht auf den Nordrand der Alpen. In weiten Biegungen marschieren wir nun immer leicht bergan, mit weiterhin grandiosem Alpenpanorama. Später geht der Feldweg wieder in eine asphaltierte Straße über, an einem Wegedreieck gehen wir nach links. Die Straße führt vorbei an einem großen Milchhof und in weiteren Kurven hinab bis zur Verbindungsstraße von Forsting nach Pfaffing. Hier gehen wir nach rechts weiter auf dem von der Straße abgesetzten Rad- und Wanderweg. Wir passieren den Weiler Ried und halten uns immer geradeaus, bis wir Pfaffing erreichen. In der Ortsmitte biegen wir nach links in den Kirchenweg ein und gehen direkt auf die Kirche zu, links an ihr vorbei und biegen dann hinter dem Friedhof auf einen Wiesenpfad nach links ein, Richtung Wald. Dieser Weg ist als »Radweg R1/R2« ausgeschildert. Am Waldrand treffen wir auf einen breiten Schotterweg. Nur wenige Meter nach links und dann sofort wieder nach rechts gehen wir weiter auf dem Radweg »Von Baum zu Baum«. Dieser Baumlehrpfad führt uns durch den Wald hindurch direkt nach Unterübermoos und damit zum Ausgangspunkt unserer heutigen Wanderung zurück.

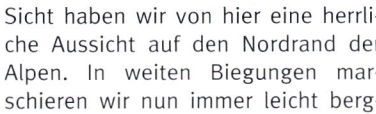

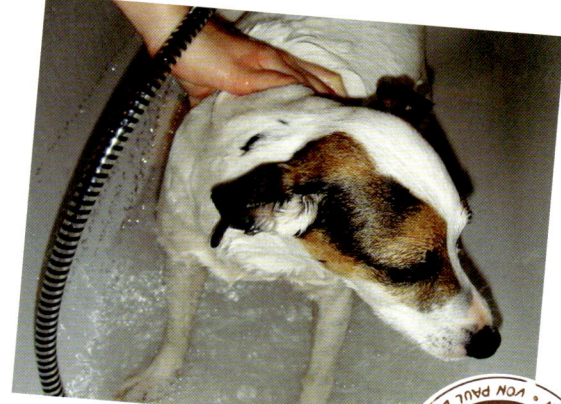

»Zur Erleichterung meiner Zweibeiner hat sich mein schwarzbrauner Belag in den vergangenen Stunden dank kräftiger Sonnentrocknung schon fast wieder verflüchtigt. Ein wenig werde ich aber noch nach Hause retten und damit auch einen Hauch von dem herrlich moderigen Parfum. Mit Grausen denke ich jedoch bereits jetzt an die Konsequenzen: Die verhasste Badewanne!«

Bierwanderung Nr. 14
Zu den Rittern nach Kaltenberg!

Vom Kloster Sankt Ottilien über Eresing nach Kaltenberg, zum Schloss Seiner Königlichen Hoheit Prinz Luitpold von Bayern.

König Ludwig GmbH & Co. KG
Schlossbrauerei Kaltenberg
Augsburger Straße 41
82256 Fürstenfeldbruck

Tel. 08141 243-0
Fax 08141 243-138

info@koenig-ludwig-brauerei.com
www.koenig-ludwig-brauerei.com

Vom Kloster der Missionsbenediktiner in Sankt Ottilien führt der Weg über Eresing und durch leicht hügelige Wiesen, Felder und Waldgebiete nach Kaltenberg, zur Schlossbrauerei und der »Ritterschwemme zu Kaltenberg«. Hier kann der Bierwanderer im Juli jedes Jahres auch die weltgrößten Ritterspiele in der Arena des Schlosses besuchen.

Die Anfahrt mit dem PKW

Wir verlassen München auf der A96 Richtung Lindau, fahren bei der Ausfahrt »Windach/Eresing/Geltendorf« ab und dann weiter auf der Landstraße nach Eresing. Circa einen Kilometer nach der Ortsdurchfahrt biegen wir nach rechts ab, auf eine kleine Straße nach Sankt Ottilien. Wir parken gleich rechts auf dem ersten großen Parkplatz vor dem Klosterdorf.

Der Hinweg

»Heute soll es nach Kaltenberg und zu den Rittern gehen. Mein Gott, da wird mir echt bange! Die sind ja damals nicht immer zimperlich miteinander umgegangen, und schon gar nicht mit ihren Haustieren. Da soll so mancher meiner Kumpel nach einer Zechtour der ach so »edlen« Rittersleut mit ihren Festtagsbieren, Weizen- und Ritterböcken schon mal am Spieß gelandet sein! Wenn das heute mal alles gut geht.«

Sankt Ottilien ist das Mutterhaus der Missionsbenediktiner, das hier 1886 vom schweizer Benediktinermönch Pater Andreas Amrhein gegründet wurde. Im Jahr 1902 wurde das Kloster zu einer Abtei und schließlich 1914 zur Erzabtei erhoben. Zum Klosterdorf gehören heute unter anderem ein landwirtschaftliches Mustergut mit eigenem Hofladen, die Gaststätte »Emminger Hof« mit großem Biergarten, zahlreiche Werkstätten, eine Berufsschule und das Rhabanus-Maurus-Gymnasium. Mittelpunkt der

Anlage ist die 1897–99 erbaute neugotische Abteikirche. Vom Parkplatz im Norden der Anlage gehen wir erst einmal nach Süden, quer durch das Klosterdorf, vorbei am Emminger Hof, dem großen Klosterladen, Gästehäusern und einem kleinen Nähmaschinenmuseum bis hin zur Abteikirche Herz Jesu. Wer möchte, kann die

Der Wanderweg

Schloß Kaltenberg

Kloster Sankt Ottilien

Hinweg: 8,6 km, ca. 120 Min.
Rückweg: 6,1 km, ca. 90 Min.
Gesamte Steigungen: 147 Höhenmeter

Kirche, selbstverständlich nur außerhalb der Messen, kurz besichtigen. Dann geht es zwischen dem Kloster und dem Klausurgarten eine kleine Steintreppe hinab und unten einige Meter geradeaus an der Klostermauer entlang. Am Ende der Mauer biegen wir auf den Feldweg nach rechts ab Richtung Eresing. Nach links schauen wir über hügelige Wiesen und Felder bis hin zu den Alpen. Hinter der Klosteranlage treffen wir auf einen Querweg und wandern hier nach links, unser Weg ist nun für die kommenden Kilometer auch gut mit der Bezeichnung »PW – Wanderverein Geltendorf« ausgeschildert. In einer langgezogenen Rechtskurve laufen wir zuerst durch einen kleinen Wald und später durch Wiesen bis zu einer Wegegabelung, bei der wir uns für den rechten Weg entscheiden und direkt auf die Ortschaft Eresing zuwandern. Im Ort geht es weiter geradeaus, auf dem Fußweg der Sankt-Ottilien-Straße. An der Hauptstraße wenden wir uns nach rechts und folgen der Straße, wieder auf einem breiten Fußgängerweg, durch den Ort und weiter an einem kleinen Gewerbegebiet vorbei. Direkt hinter dem begrünten Wall, der das Gewerbegebiet umrandet, geht es links ab auf einen Feldweg in Richtung eines Waldgebietes, weiter der Markierung »PW« folgend. Schon bald treffen wir auf einen schmalen, befestigten Wirtschaftsweg, auf dem wir unsere Wanderung nach rechts fortsetzen. Es geht eine Weile geradeaus, vorbei an einer Holzscheune bis hin zu einem Wegkreuz mit einer Ruhebank. Hier biegen wir nach links ab und wandern auf diesem Schotterweg zuerst weiter durch Wiesen und Felder, vorbei an einer weiteren Scheune und einem kleinen Fischgewässer, hinein in das Waldgebiet »Kölbergholz«. Unter einer kleinen Eisenbahnbrücke geht es hindurch und dann in etlichen Windungen immer weiter geradeaus, durch ein herrliches Wiesengebiet und die umliegenden Mischwälder. Wir folgen unserem Weg, bis er eine scharfe Biegung nach rechts hin zur Bahnlinie macht. Hier verlassen wir den mit »PW« beschilderten Weg und gehen nach links, vorbei an einem Fichtenwäldchen, und danach an einer Wegkreuzung wieder nach rechts durch weitere Wiesen und Wälder. Nochmals passieren wir eine schöne hölzerne Scheune und errei-

rechts ab in die Walleshauser Straße Richtung Ortsmitte und Schloss. Wir folgen dieser Straße erst vorsichtig auf der linken Straßenseite und schon bald auf einem separaten Fußgängerweg bis zur Ortsmitte. Bei einer Linkskurve der Straße, kurz vor einer Kapelle, wechseln wir nach rechts auf den ausgeschilderten Radweg, die Prinz-Heinrich-Straße, die uns immer geradeaus und schließlich steil hinauf zum Schloss Kaltenberg führt. Jeweils im Juli finden hier oben, in der großen Arena und um das ganze Schloss herum, die Kaltenberger Ritterturniere statt, das weltweit größte Spektakel dieser Art. Professionelle Kaskadeure zeigen dem Publikum die Kämpfe tapferer Rittersleut' auf ihren prächtigen Schlachtrössern.

Die Brauereigaststätte

Auf Schloss Kaltenberg hat der Gast mehrere Möglichkeiten zur Einkehr. Für den anspruchsvollen Gourmet gibt es das Schlossrestaurant mit seinen Spezialitäten aus der Küche Frankreichs. Es besitzt eine schöne Gaststube und einen großen Balkon, der über den Schlossgraben ragt, in dem früher gefährliche, wilde Hunde für die Verteidigung ihrer Herren sorgten.

chen nach circa zehn Minuten den Ortsanfang von Kaltenberg. Es geht erst einmal, vorbei an einem Hundehotel, weiter geradeaus und dann an der nächsten Straßengabelung rechts auf den Fußweg. In einer Linkskurve dieser Straße gehen wir rechts ab auf einen Feldweg und wandern hier vor bis zur Schwabhauser Straße. Dort geht es für einige Meter entlang dieser Straße nach links und dann nach

Öffnungszeiten

Montag	10.00-24.00 Uhr
Dienstag	10.00-24.00 Uhr
Mittwoch	10.00-24.00 Uhr
Donnerstag	09.00-24.00 Uhr
Freitag	10.00-24.00 Uhr
Samstag	10.00-24.00 Uhr
Sonntag	10.00-24.00 Uhr
Ferien: Weihnachten bis Ende Januar	

Umrahmt wird das spektakuläre Turnier von Gauklern, Spielmannszügen und Vagantengruppen, die das mittelalterliche Leben rund um Schloss Kaltenberg vermitteln. Mehr Detailinformationen und die jährlich wechselnde-Termine lesen Sie bitte unter www.ritterturnier.de nach.

»Das wäre doch mal eine sinnvolle Aufgabe für mich und meine Artgenossen. Und bestimmt – so wie ich ausschau' – würde auch häufig ein wunderschönes Burgfräulein mit wallendem Haar vom Balkon aus die leckersten Schlemmereien zu mir hinunterwerfen. Es war nur ein Traum, meine Alten zerren mich schon wieder woanders hin!«

Für die meisten Bierwanderer wird sich eher die »Ritterschwemme zu Kaltenberg« anbieten. In gemütlichen Stuben, einem Festsaal und im kleinen Biergarten vor der Türe werden eine Vielzahl bayerischer Schmankerl angeboten. Die Karte reicht hier zum Beispiel vom Kaltenberg-Ganger'l, einem Büffel-Carpaccio mit Fleisch vom Büffelhof Beuerbach mit steirischem Kürbiskernöl, Parmesan und Steinofenbrot, über Kaltenberger Dunkelbierbraten von der Schweineschulter mit Krusterl in würziger Dunkelbiersoße mit Knödeln und Krautsalat bis hin zu einer reichen Auswahl an Brotzeiten mit diversen Käsen, Würsten, Schinken oder Griebenschmalz. Mittwochs ist Schweinshaxntag, ab 11.30 Uhr werden dann knusprige Haxn in Biersoße mit Kartoffelknödeln und hausgemachtem Krautsalat oder auch gesurte Schweinshaxn gereicht. Donnerstags gibt es bereits ab 9.00 Uhr ein Weißwurstfrühstück. An Sonntagen ist darüber hinaus bei gutem Wetter auch der große Waldbiergarten geöffnet. Das Mitbringen einer eigenen Brotzeit ist hier nach alter Sitte erlaubt, das Bier oder natürlich auch Nichtalkoholisches wird selbst am Ausschank geholt.

Die Brauerei

Die Geschichte des Brauens durch das Geschlecht der Wittelsbacher beginnt bereits 1260, als die erste Brauerei der Familie von Herzog Ludwig dem Strengen in München gegründet wurde. In der Folge entstanden über mehrere Jahrhunderte circa 70 Brauereien in verschiedenen Linien der Familie der Wittelsbacher. Vom Wittelsbacher Herzog Rudolph im Jahre 1292 als kleinere Burg erbaut, wurde Kaltenberg mehrfach fast völlig zerstört und in den Jahren 1420 und 1781, jeweils als Schloss, wieder komplett aufgebaut. Die Anlage ging durch mehrere Hände, bis schließlich um 1820 die erste vollständige Brauerei im heutigen Sinne auf Kaltenberg installiert und das Schloss in neugotischem Stil renoviert wurde. Erst 1955 gelangte das Schloss wieder in den Besitz der Wittelsbacher und 1976 übernahm Seine Königliche Hoheit Luitpold Prinz von Bayern die Führung von Schloss und Brauerei.

Die blitzsaubere kleine Brauerei auf Schloss Kaltenberg ist zwar mit einer heutigen Kapazität von ungefähr 100000 Hektolitern die traditionelle Braustätte der Schlossbrauerei, aber nur eine der Braustätten der König Ludwig GmbH & Co. KG. Weitere finden sich in Fürstenfeldbruck (wie auch die Hauptverwaltung der Gruppe), in Holzkirchen und in Thannhausen. In Kaltenberg wird vor allem das König Ludwig Dunkel, eines der beliebtesten Dunkelbiere Bayerns, gebraut. An der Schlossbrauerei Kaltenberg begeistert nicht nur die stets gute Qualität der Biere, sondern auch die Vielfalt des Angebotes sucht ihresgleichen. Wer sich durch die dreizehn Biere (allein der Marken König Ludwig und Kaltenbach) nur dieser einen Linie der Wittelsbacher trinken

möchte, muss schon eine mehrtägige Leistung erbringen. Insbesondere die saisonalen Bockbiere können dabei auch uns »trainierte« Bierwanderer schon einmal aus den Wanderstiefeln hauen.

»Mein Alter hat mir übrigens auch mal gesagt, dass die ganzen Lanzen, Schwerter und sonstigen martialischen, mittelalterlichen Waffen, speziell in Kaltenberg, völlig überflüssig seien. Seine Königliche Hoheit sollte jedem Ritter einfach vor dem Turnier zwei bis drei Fläschchen vom Ritterbock spendieren und sie würden ohne Einsatz jeglicher Waffengewalt, die ich ja außer in Form meiner niedlichen, kleinen Reißzähne völlig ablehne, ganz alleine vom Turnierpferd fallen!«

Die Biere

	Stammwürze	Alkohol
König Ludwig Dunkel	12,9%	5,1%
König Ludwig Weißbier Hell	12,6%	5,5%
König Ludwig Weißbier Dunkel	12,6%	5,5%
König Ludwig Weißbier Kristall	12,6%	5,5%
König Ludwig Weißbier Leicht	7,8%	2,9%
König Ludwig Hell	11,5%	5,1%
Kaltenberg Spezial	13,2%	5,6%
Kaltenberg Schloss-Keller Naturtrüb	11,5%	5,1%
Kaltenberg 3,8	9,3%	3,8%
Kaltenberg Leicht	7,2%	2,9%
Ritterbock	>21,0%	9,0%
Prinzregent Luitpold Weizenbock	19,3%	8,0%
Königliches Festtagsbier	13,7%	5,6%

Der Rückweg

Wir verlassen Schloss Kaltenberg auf dem Radweg, der uns vorhin bereits hinauf geführt hatte. Unten im Dorf biegen wir nun bald nach links ab, auf den Radweg Richtung Hausen bei Geltendorf, ausgeschildert als »Amper-Lech-Weg/R3«. Wir wandern bis zu den Bahngleisen und gehen dahinter nach rechts ab in die Lindenstraße. Hier geht es links der Bahngleise eine ganze Weile geradeaus, bis wir schließlich wieder die Verbindungsstraße zwischen Kaltenberg und Geltendorf erreichen. Wir überqueren die Straße und folgen nun geradeaus dem gegenüber liegenden Schotter-Sandweg, parallel zu den Gleisen. Immer wieder sehen wir links hinter den kleinen Hügeln den Zwiebelturm der Kirche von Geltendorf. Nach circa 1,5 Kilometern erreichen wir eine kleine Straße, gehen hier nach links und nur zwanzig Meter weiter, an einem großem Baum mit Ruhebänken

und einem schönen Bildstock, nach rechts ab auf einen Feldweg in Richtung Wald. Es ist jetzt wieder der schon vom Hinweg bekannte Rundweg um Sankt Ottilien, mit der Bezeichnung »PW«. An einer ersten Wegegabelung gehen wir links weiter, durch Wiesen und später durch ein Waldstück. Im Wald folgen wir unserem Weg, an der nächsten Gabelung geradeaus. Schließlich erreichen wir den südlichen Teil des Ortes Geltendorf. Auf dem »Heinweg« geht es rechts ab und dann weiter auf dem Fußweg der Straße bis hinunter zum Bahnhof. Hier biegen wir nach rechts ab und gehen über den großen Park & Ride-Parkplatz bis hin zu einer Gleisunterführung, unter den Gleisen hindurch (Vorsicht: Sehr schmale Straße mit einspurigem Autoverkehr!), dahinter kurz nach links und dann sofort wieder rechts ab auf den für Autos gesperrten Feldweg, der uns über den Weihergraben und das Ziegelholz direkt nach Sankt Ottilien und damit dem Ausgangspunkt unserer heutigen Wanderung zurückführt.

»Auch das hätte ich heute also überlebt! Gut, es war keine Turnierzeit, aber überall waren die schrecklichen Utensilien zu sehen. Während des Turniers würde ich viel lieber unten im Ort bleiben, da gibt's ein nobles Hundehotel. Wellness auf vier Pfoten und Ganzkörperhaarpflege im Hundesalon ohne Waffengeklirr! So richtig kuschelig, mit Massage und dann in Decken eingehüllt. Wau!«

Bier(wanderung) Nr. 15
Der historische Augustiner-Bräu in München!

Zum Augustiner-Bräu und seinem Bräustüberl, nebst Bierhalle, in der Landsberger Straße.

Augustiner-Bräu Wagner KG
Landsberger Straße 31-35
80339 München

Tel. 089 51994-0
Fax 089 51994-111

info@augustiner-braeu.de
www.augustiner-braeu.de

Der historische Augustiner-Bräu in der Landsberger Straße ist nicht nur Münchens älteste Brauerei, sondern auch die einzige der ehemals vielen Münchner Traditionsbraustätten, die noch in privater Hand und in deutschem Besitz ist. Auf einen Spaziergang wollen wir an diesem Standort verzichten und verweisen auf die »Stadtwanderung« im Kapitel 5 dieses Buches durch den Englischen Garten und zum Bier- & Oktoberfestmuseum, das sich, wie auch die Mehrheit der Brauerei, im Besitz der Edith-Haberland-Wagner-Stiftung befindet.

Die Anfahrt mit dem PKW

Die Parksituation ist um die Brauerei herum nicht ganz einfach. Besser, und sicherer, ist die Fahrt aus der Innenstadt mit den Tramlinien 18 oder 19 bis zur Holzapfelstraße in unmittelbarer Nähe von Brauerei und Bräustüberl. Auch die Fahrt mit der S-Bahn ist vom Zentrum aus möglich, dann muss man an der Haltestelle Hackerbrücke aussteigen. Wer es unbedingt mit dem Auto unternehmen will, parkt am besten in den Bavaria Parkgaragen in der Schwanthaler Str. 113.

»Ich weiß, ihr erwartet jetzt wieder ein hübsches Bild von mir und vor allem einen genialen Spruch. Aber nein, heut' gehe ich nicht mit! Nur eine Brauereigaststätte zu besuchen, ohne Wanderung durch Wald und Wiesen, sondern nur durch die Schluchten eines Millionendorfes, ist nix für mich. Heut' überlasse ich das Brüllen völlig neidlos dem bayerischen Löwenhund. Vielleicht hieß er ja damals »Seine Königliche Hundheit Paul der Starke«, oder so?«

Die Brauerei

Vielleicht beginnt die Geschichte des Augustiner-Bräu bereits 1294, als sich Mönche des Augustinerordens auf Geheiß des Freisinger Bischofs und des bayerischen Herzogs vor den Toren Münchens ansiedelten und um 1320 auch ein Kloster innerhalb der Stadtmauern bauten. Urkundlich belegt ist jedoch, dass 1328 im Klostergebäude an der Neuhauser Gasse bereits eine Brauerei bestand und dort ein vorzügliches Bier gebraut worden sein soll. Dieses Jahr gilt denn auch als das offizielle Gründungsjahr des Augustiner-Bräu. Er ist damit die mit Abstand älteste Brauerei Münchens. In den Folgejahren entstanden gut ein Dutzend weiterer Brauereien in München, viele von ihnen mit wohlvertrauten Markennamen. Aber es sind alle keine »Münchner Kindl« mehr, keine andere blieb in privater Hand und kaum eine andere blieb in deutschem, geschweige denn bajuwarischem Besitz. Lediglich das 1589 von Wilhelm I., Herzog von Bayern, gegründete »Staatliche Hofbräuhaus in München«, ein Wirtschaftsbetrieb des Freistaates Bayern, liefert neben dem Augustiner noch echt bayerisches Gebräu und wurde

noch nicht von internationalen Großkonzernen geschluckt. Alle anderen segeln heute unter den Flaggen der niederländischen Heineken-Brauerei oder der belgisch-brasilianisch-amerikanischen Anheuser-Busch InBev-Gruppe. Nicht, dass diese allein deshalb schlechte Produkte produzieren würden, für den traditionsbewussten Biertrinker Deutschlands, des Freistaates Bayern und der Region München ist das aber schon eine Entwicklung, die ein wenig nachdenklich stimmt. Die Biere des Augustiner-Bräu wurden seit der Gründung nicht allein im Kloster hergestellt, sondern auch in der eigenen Schenke verkauft, da das Kloster neben dem Braurecht auch das Schankrecht besaß. Als das Kloster im Zuge der Säkularisierung im Jahre 1803 verstaatlicht wurde, zogen die Klosterbrüder aus und die Brauerei wurde privatisiert. 1817 verlegte man sie in die Neuhauser Straße 275, mittlerweile Nr. 27, in der Fußgängerzone der Stadt München. Noch heute hat eine der beliebtesten Gaststätten der Brauerei dort ihre, Anfang des 20. Jahrhunderts von Emmanuel von Seidl komplett neu gestalteten, Räumlichkeiten. Das weitere Wachstum der Brauerei und die im Zentrum Münchens beengten Platzverhältnisse zwangen die Familie Wagner, Besitzer der Brauerei seit 1829, das Unternehmen 1885 nochmals zu verlegen. Man zog in die Keller an

der Landsberger Straße, in das noch heute existierende, jetzt denkmalgeschützte historische Backsteinareal, das gleichzeitig auch die Heimat des Bräustüberls und der Bierhalle (des Brauereiausschanks des Augustiner) ist. Andere Augustiner Biergärten und Stadtteilwirtschaften, allen voran der »Augustiner-Keller« nahe dem Hauptbahnhof und der »Hirschgarten« in Nymphenburg, mögen neben den Gaststätten in der Neuhauser Straße oder dem Augustiner am Platzl heute einen bekannteren Namen haben, das Herz der Brauerei aber schlägt an der Landsberger Straße.

Heute firmiert die Brauerei unter dem Namen Augustiner Bräu Wagner KG. 51% der Firmenanteile wurden durch die letzten Angehörigen der Familie, gemäß einer testamentarischen Verfügung, der gemeinnützigen Edith-Haberland-Wagner-Stiftung übertragen, der Rest verteilt sich auf mehrere Kommanditisten. Mit erheblichen Investitionen wurden die Kapazitäten der Brauerei in den vergangenen Jahrzehnten ständig erweitert und die technische Ausstattung zählt heute zu den führenden Anlagen in Deutschland. Eigene, effiziente Energiewandlungsanlagen und fortschrittlichste Umwelttechnik gehören zum Standard des Unternehmens. Gleichzeitig wurde die Tradition der Brauerei nie vergessen. Die Qualität der Erzeugnisse ist nach wie vor oberstes Ziel der Brauerei. Malz von besonderer Güte wird noch immer in der eigenen Tennenmälzerei hergestellt und dem Fassbier, im traditionellen Holzfass, gilt auch heute noch besondere Beachtung. Auch in der Außendarstellung geht die Traditionsbrauerei ihren eigenen Weg, Werbung für die Marke findet nicht statt. Das Unternehmen, mit einem jährlichen Ausstoß von rund einer Million Hektolitern, vertraut auf seine Tradition, seine Qualität, seine Bekanntheit und seine besondere Stellung als einzige historische Privatbrauerei Münchens – als ein Stück erhaltener Münchner Bierkultur.

Öffnungszeiten

Montag	10.00-24.00 Uhr
Dienstag	10.00-24.00 Uhr
Mittwoch	10.00-24.00 Uhr
Donnerstag	10.00-24.00 Uhr
Freitag	10.00-24.00 Uhr
Samstag	10.00-24.00 Uhr
Sonntag	10.00-24.00 Uhr

Die Biere

	Stammwürze	Alkohol
Edelstoff	12,7%	5,6%
Lagerbier Hell	11,5%	5,2%
Pils	12,4%	5,6%
Maximator	18,5%	7,5%
Augustiner Dunkel	13,4%	5,6%
Heller Bock	16,5%	7,0%
Augustiner Weißbier	12,4%	5,4%
Oktoberfestbier	13,7%	6,0%

Die Brauereigaststätte

Das Bräustüberl mit seiner Bierhalle befindet sich direkt im Gebäudekomplex der Brauerei an der Landsberger Straße. Für Autolärm resistente Gäste finden sich einige wenige Tische unter Sonnenschirmen, direkt vor dem Gebäude. Ruhiger geht es im wunderschönen, mit altmünch-

ner Gasthausmobiliar und natürlich weißblauen Tischdecken eingerichteten Bräustüberl zu. Hier hat der Gast neben den frisch vom Fass gezapften Traditionsbieren der Brauerei die Qual der Wahl aus einer Vielzahl regionaltypischer Gerichte. Die warmen Mahlzeiten reichen dabei von der halben bayerischen Bauernente vom Grill mit Blaukraut, Kartoffelknödel und Entensoße über das Münchner Zwiebelfleisch mit Bratkartoffeln, Zwiebelsoße und Salat bis hin zum Braumeisterpfandl mit Maultasche, Schweinelende, Fleischpflanzerl, Rahmschwammerl, Dunkelbiersoße und Brezenknödel. Fleisch und Würste stammen hier übrigens aus der gasthauseigenen Metzgerei. Viele der Gerichte kann der Besucher auch zum späteren Verzehr an der Theke erstehen und mitnehmen.

Für die Freunde deftiger Brotzeiten bieten die freundlichen Bedienungen des Hauses unter anderem das Bräustuben Brotzeitbrettl mit kaltem Braten, Saftschinken, Pressack, Obatzdem und Kräuterquark mit Brot und Butter an, oder ein saures Tellerfleisch mit Kernöl-Meerrettichmarinade und Bratkartoffeln. Wer dann immer noch eine kleine Nische seines Magens frei hat, der kann zum Beispiel ein Weckglaserl mit Bayerisch Creme oder eine Beerengrütze mit Schlagsahne neben seinem Bier platzieren.

Mit den gleichen Gerichten, aber in noch rustikalerer Atmosphäre mit blank gescheuerten Tischen, wird der Gast in der direkt daneben liegenden Bierhalle verwöhnt.

»Pfüat euch, merci, servus, ciao! Das war's für dieses Buch. Hier schaue ich mich schon nach neuen Bierwanderungen um – demnächst im Bayerischen Wald!«

Das Bierwanderteam

Natürlich habe ich auch dieses Buch nicht ganz alleine geschrieben.
Ich möchte euch deshalb zum Schluss wieder das ganze Team vorstellen – aus meiner Sicht:

Ekkehard Kleine

Mein »Alter«: Hatte die Idee zu dieser Buchreihe, ist Autor, Wanderer, Fotograf, Biertrinker und Hundedompteur – denkt er jedenfalls noch immer!

Phil Meixner & Tobias Schweinitz

Die Jungs von der Agentur seitenwind »: Waren wie immer für Layout und Gesamtgestaltung des Buches verantwortlich und steuerten viele gute Ideen bei. Sie wandern allerdings wegen „privater Verpflichtungen" kaum noch mit mir mit!

Gabriele Kleine

Meine »Alte«: Hat alle Strecken mit mir erwandert, mich aber leider meist an der Leine gehalten und viel gemeckert: »Paul sitz!«, »Paul zieh nicht so!«, »Ein Bier reicht, Alter!« – wie gehabt!

Gerald Richter

War als Miteigentümer des Verlags auch als Fotograf bei einigen der vorgestellten Brauereien und ihren Gasthäusern tätig und erstellte sämtliche Studiofotografien der gezeigten Bierflaschen.

Jan Kleine

Co-Autor und nebenbei auch noch Sohn von meinem Alten. Er unternahm einige der Wanderungen und Brauereibesichtigungen mit mir und kann als gelernter Germanist sogar die Kommata im Hündischen richtig setzen. Wau!

Sonja Krauß

Erstellte als Mitarbeiterin von seitenwind » den kompletten Satz des Buches und korrigierte am Mac sämtliche Schandtaten der beteiligten Fotografen.

Armin Suppmann & Michael Fischer

Die Truppe von Suppmann & Richter: Sie erstellten alle Grafiken und Wegeskizzen für die fünfzehn Bierwanderungen und kümmerten sich um die neue Homepage der »Bierwanderungen rund um ...«.

Impressum:

Bierwanderungen rund um München

© 2009 Dr. Ekkehard & Jan Kleine, Bad Abbach

Alle Rechte vorbehalten.
Nachdruck – auch auszugsweise –
nur mit Genehmigung der Autoren.

Verlag:
Dr. Peter Morsbach Verlag, Regensburg

Druck:
Druckerei Erhardi, Regensburg

Layout und Satz:
Werbeagentur seitenwind »», Regensburg

Illustrationen:
Werbeagentur seitenwind »», Regensburg
Werbeagentur Suppmann & Richter, Regensburg

Bildnachweis:
Augustiner-Bräu München
Bier- & Oktoberfestmuseum
Brauerei Aying
Brauerei Maierbräu
Deutsches Hopfenmuseum
Erdinger Weissbräu
Dr. E. Kleine
J. Kleine
Kloster Andechs
G. Richter
shutterstock.com
Schlossbrauerei Kaltenberg

Haftung:
Autoren und Verlag bemühten sich um zuverlässige und aktuelle Informationen. Fehler und Unstimmigkeiten sind jedoch nicht auszuschließen. Eine Garantie für die Richtigkeit aller Angaben in diesem Buch kann daher nicht gegeben werden. Eine Haftung für Schäden und Unfälle kann somit aus keinerlei Rechtsgrund übernommen werden.

Printed in Germany 2009
ISBN 978-3-937527-22-2

Eine Bitte zum Schluss!
Dieses Buch ist aus zwei Beweggründen entstanden: Zum einen aus unserer Liebe zum Bier, zum anderen aus unserer Verbundenheit mit der Natur. Nur der verantwortungsvolle Umgang mit Beiden beschert Ihnen den vollen Genuss.

Erfolgt die Anfahrt mit dem eigenen Pkw, so sollte der Fahrer seine Bierproben auf den späten Abend daheim verlegen.

Auf unseren Wanderungen, insbesondere durch die vielen Naturschutzgebiete, bitten wir Sie, die beschriebenen Wege nicht zu verlassen, alle Artgenossen von Paul an der Leine zu führen und sämtliche Brotzeitreste wieder nach Hause zu tragen.

Ihr Bierwanderteam

Auch für Regensburg erhältlich!

Weitere Ausgaben geplant:
- Bayerischer Wald
- Nürnberg